善人ほど悪い奴はいない

ニーチェの人間学

中島義道

角川新書

目次

はじめに——ニーチェを読む若者たちへ

ニーチェ、それは若いころから私にとって「嫌悪」の対象であった。というより、ほとんど興味がなく、ときどきぱらぱらページをめくっても、すぐに「違う！」という叫び声を発してしまう。

当時（一九六五年～七〇年）の大学生にとっても、ニーチェは人気者であったから、私のこの反応は一体どうしたものだろうと不思議に思っていた。

私が若いころのめり込んだのは、キルケゴールでありカフカである。カミュでありサルトルである。ニーチェとどこが違うのか？　人間に対する見方、いや語り口、いや「肌触り」が違うのだ。

キルケゴールに典型的であり、ほぼ同じ感度をサルトルが保持しているが、それは「自分自身に対する徹底的な批判精神」とでも言えるものであろう。人間観察の繊細さの極致に達している者のみに許され、自分を「書き損ない」（キルケゴール）あるいは完全な「余計者」（サルトル）と自覚する清潔さである。それは、カフカにも見られる（カミュは圧倒的な地中海の太陽に参ってしまったのであって、資質はやや異なる）。

これに反して、ニーチェの轟《とどろ》くような叫び声、永遠回帰や運命愛や超人などの大げさな理念の提示、涙をこらえての自己肯定、あたりかまわずの他人攻撃は、猛烈にカッコ悪く、頭が悪く、田舎っぽく思われた（この点ではドストエフスキーも同じ感触である）。

だが、そうは言いながらも、四十年にわたって、私はニーチェを読み続け、全著作を読破し、さらに一昨年から自分の主宰する「哲学塾・カント」で塾生たちと『ツァラトゥストラ』をじっくり読み始めた。

その結果、基本的印象は変わらないが、私はニーチェの善人攻撃や同情非難は自分自身のうちに潜む「弱さ、卑劣さ、善良さ」に対するものではないか、と思うようになった。ちょうどヒトラーのユダヤ人嫌悪が、自分自身のうちに潜む「ユダヤ人的なもの」に対する憎悪であったように。

そうすると、以前は読み解けなかった数々の文章の縺《もつ》れがするするほどけてきたのである。

いまや私は年を取り、現代日本の若者たちの何の実績にも基づかない強烈な自尊心に呆《あき》れるばかりである。とくに「2ちゃんねる」などの掲示板で糞尿《ふんにょう》を投げつけるような幼稚な他人攻撃に「ああ、これはどこかで出会ったことがある」と感じ、それが自然にニーチェに繋《つな》がっていった。

自尊心だけはあるが、何をしてもうまく行かず、あきらめ寸前の若者たちが、数百万の規模で発生している現代日本において、ニーチェがよく読まれる理由もわかろうというものである。

もちろん、ニーチェは終日自分のパソコンの画面を睨《にら》みながら、ありとあらゆる世の中の成功者を罵倒《ばとう》し、事件を斜め視線で茶化し……じつは自殺したいほど自分を責めている「ダメな」若者たちとは画然と異なり、類例のないほどの秀才であり、言語創造力にかけては掛け値なしの天才である。

しかし、精神構造はとても似ているのだ。その幼稚さ、その愚かさ、その単純さ、とにかく「評価されたい！　尊敬されたい！　有名になりたい！」と全身がパンクしそうに欲している姿はとてもよく似ている。

誇り高く弱い若者たちよ！　ニーチェを読もう。そして、思いっきり自分と重ね合わせて、自分のバイブルにしよう。そして、世の中の「畜群」どもをすべて笑い飛ばそう。

そうすれば、あと少しは自分をごまかせるかも知れないのだから。そのほうが、真実を知り、絶望して自殺するよりずっといいのだから……。

第一章　善人と弱者

弱者とは何か？

まず私なりに「弱者」を定義しておこう。

弱者とは、自分が弱いことを骨の髄まで自覚しているが、それに自責の念を覚えるのでもなく、むしろ自分が弱いことを全身で「正当化」する人のことである。

これは、オルテガの「大衆」の定義にほぼ一致する。

大衆とは、よい意味でも悪い意味でも、自分自身に特殊な価値を認めようとはせず、自分は「すべての人」と同じであると感じ、そのことに苦痛を覚えるどころか、他の人々と同一であると感ずることに喜びを見出《みいだ》しているすべての人のことである。

（『大衆の反逆』神吉敬三訳、ちくま学芸文庫）

　これ以上明確な定義はないが、頭の固い鈍感な読者のために、確認しておこう。オルテガの言う「大衆」を「弱者」に置きかえると、弱者とは「よい意味でも悪い意味でも、自分自身に特殊な価値を認めようとはせず、自分は弱者と感じ、そのことに苦痛を覚えるどころか、そう感ずることに喜びを見出しているすべての人のことである」。

「私（俺）は弱いから」という理由を、臆面《おくめん》もなく前面に持ち出して、それが相手を説得し自分を防衛する正当な理由だと信じている人、自分が社会的に弱い立場にいることに負い目を感ずることがまるでなく、それから脱する何の努力もせずに、むしろ自分の弱さを当然のごとくに持ち出し、「弱者の特権」を要求する人のことである。

　すなわち、弱者とは、自分の無能力を、自分の無知を、自分の怠惰を、自分の不器用を、自分の不手際を、自分の人間的魅力のなさを、卑下せず恥じないばかりか、「これでいい」と居直り、そればかりか「だからこそ自分は正しい」と威張るのだ。

　いや、真相はもう少し違う。このあたりは眼を凝らして観察しなければならない。彼らはじつは、身体の深部に至るまで（自覚のあるなしにかかわらず）「卑下し、恥じている」。なぜなら、ちょっとでも強者が「あなたは貧乏人だから」とか「きみは学歴がないから」とか「あんたは無能だから」と、はっきり言わないまでも、それを臭わす発言をするや否や、突如顔は憎悪にこわばり、相手を血走ったまなざしで見据え、「一生絶対許さない！」と心に誓うからである。あるいは、生きていくことができないほど打ちひしがれるからである。

強者なら、至るところからたえず批判を浴び、そのことに慣れざるをえないのだが、弱者に対してはみんな腫《は》れ物に触るように対処するので、ひとたびはっきり批判されると（「本当のこと」を言われると）びっくりして声も出なくなる。だから、弱者はますますのさばり、反省しないのである。

したがって、弱者とは、自分の弱さを「正当化」し、自分の無知、無能力、不器用、不手際、魅力のなさに気がついているのであるが、それをちょっとでも責める他人の視線に遭遇するや、その傲慢《ごうまん》さを、見識のなさを、優しさのなさを、徹底的に責め立て、袋叩《ふくろだた》きにし、けっして許さず、血祭りにあげる人のことである。オルテガは、大衆のこうした凶暴性をしっかりとらえている。

大衆は――その密度と夥《おびただ》しい数とを見れば誰にも明らかなことであろうが――大衆でない者との共存を望まない。いや、大衆でない者に対して、死んでも死に切れないほどの憎しみを抱いているのである。

（同書）

どうも、私の実感からすると、現代日本においては大衆のこうしたネガティブな力が加速度的に増大しているように思われる。

そして、オルテガの定義による大衆は「すべての人」と同じでありたいと熱望するのであるが、弱者はそのわずかに「下位」に位置することを自覚しているゆえに、「他の人々と同一であると感ずる喜び」が奪われ、もう生きていく気力がなくなってしまうのだ。

大衆という種族のうち「下位」（しかも大幅にではなく、少しだけ平均より下位）に属すると自覚している者こそ、私の定義する「弱者」なのである。

弱者の一変種

だが、ここに（どの時代にもいたが現代日本で特別に繁茂している）ある種独特の「弱者」がいる。彼らの社会的評価（学校の成績など）は、結果として平均を超えないが、彼らはけっして「平均」でありたいと願うわけではない。

いままでのところ、あらゆる評価が自分に特別能力がないことを示しているのであるが、それでいて、何の根拠もないのであるが、自分は平均以上で「あるべきだ」という思いを捨てることができない。

さらには、こうしたマイナスの固まりがいつか一挙にプラスに転じる原動力になりえないか模索しているのである。

とはいえ、彼らは具体的に何もしない。日夜、布団の中でどうしよう、どうしようと唸《うな》っているばかりで、具体的な努力をしない。

彼らは見方によってはえらく聡明《そうめい》なので、激しい自責の念を持つことはない。なぜなら、考えれば考えるほど、このすべての評価に関して、自分が悪いのでないことは明らかだからである。私（俺）にこびりついているおびただしいマイナス面は、遺伝子のゆえ、劣悪な環境のゆえ、偶然（不運）のゆえである。

だが、そう語ることの空しさも知っている。だからといって、あらためてこうしたマイナス面が評価されるわけではないからである。せいぜい、「優しさ教徒」あるいは「人間平等教徒」あるいは「弱者励まし教徒」あるいは「強者呪い教徒」が生暖かい（生臭い？）息を吹きかけ、ねっとりした眼つきで近寄ってくるだけだ。それには耐え難い！

そこで、彼らは一つのわかりやすい世界構図を構築することにした。それは、次のものである。自分は望みが高いから、ちょっとやそっとの望みで妥協している周囲の奴とは種族が違う、よって自分はなかなか報われないのだ。あるいは、自分は充分に能力があるが、人間関係が下手なのでいかなる仕事もうまくいかないのだ。

つまり、自分は本来才能がありながら、あまりにも生きるのが不器用なので、このせちがらい現代日本では才能を発揮する場が見出せないのだ。

こういう図式をうまく体内に取り入れて自分を納得させているあいだはまだ生きていける。だが、彼らはだんだんその欺瞞《ぎまん》性に気づいてくる。だが、完全に気づいてしまうともう生きていけないから、それにしがみつく。こうして、彼らの人生との闘いとは自分で作成した構図との闘いにほかならないのだ。

弱者＝善人

こうした特有の弱者を含め、弱者はいつか（三〇歳を超えるときくらいであろうか）こうしたひとり相撲にくたびれ果てて、精神の健康のために、すなわち自己防衛のために、自分を責めるのをやめることにする。

自分は確かに弱い、だが、何といっても自分は「正しい」のだ。だが、この宣言は自分を自分で騙《だま》す「自己欺瞞」であるから、常に、そう思い込む努力をしなければならない（でないと、崩壊する）。

ここで、弱者は——じつに聡明なことに——一つの大掛かりな価値転換を企てる。

自分は弱いけれど正しいのではない。自分は弱いがゆえに正しいのだ！　すなわち、自分はそのいずれも自分自身に責任を帰することができない膨大な欠陥を負わされている犠牲者である。自分は理不尽に苦しみを背負っている被害者であるゆえに「正しい」のだ。そして、生まれつきの資質に恵まれたもの、結果として報われた者は、その苦しみを背負っていないがゆえに「正しくない」のだ。

こうして、自分が弱いことを全身で正当化する弱者、すなわち「善良な弱者」が完成されるのである。

なぜに弱者はかくも聡明なのか？　なぜなら、彼らは、それこそ弱者が弱者のまま自殺せず、絶望せずにどうにか生き抜くことのできる唯一の道であることを知っているからである。ニーチェは見抜いている。

まことに、私はしばしばあの虚弱な者どもを嘲笑《ちょうしょう》した、彼らは自分が善良だと信じているが、そのじつ、彼らの前足が麻痺《まひ》しているだけのことなのだ！

（『ツァラトゥストラ』第二部「崇高な者たちについて」）

弱者は、攻撃する「前足」が弱いがゆえにこっそり「善良」と裏で手を結ぶ。そのことによって、善良な自分の「正しさ」を揺るぎないものとして確信する。いや、それに留《とど》まらない。その裏の論理を高く掲げて、強者を「強いがゆえに悪い」と決め込むのだ。

ニーチェにとって、弱者とは二千年間聖職者たちによってその弱さゆえにおだてられてきた者たち、いかなる地上の権力も富も知も美も持たないゆえに、最も天国に入る資格のあるものとして崇《あが》められてきたキリスト教信者である。

彼らは、近代に至り民主主義や基本的人権の名のもとに、ますますその弱さに安住するようになった。その弱さを（内心恥じながらも）誇り、その弱さを武器にして「自分は弱いゆえに正しい」と主張するようになった。

こうした傾向は、二十世紀後半から人種差別、女性差別、ゲイ差別反対運動などに伴いますます加速されている。キリスト教が衰えた後に、その分だけ障害者や少数民族や性的マイノリティなど被差別者の人権の名のもとに、弱者がますます強くなってきているのだ。

この傾向は、キリスト教の伝統を越えて地上のすべての地域に侵入し、人類全体を支配しようとしている。

その場合、被差別者自身ではなく、それを声高に擁護する人々のうちに、ニーチェが批判した「弱さを正当化する」最も悪質な思想が根づいていると言っていいであろう。弱者＝善人という名の貧民をおだて上げることによって、自分を道徳的人間と思い込んでいるのだ。

めない。

弱者は「弱さ」を生きる理由にする

弱者は「私（俺）は弱いからしかたない」という原理に初めはこそこそと、だが次第に大っぴらにしがみついていく。しかも、「しかたない」と呟《つぶや》きながら、けっして自己責任を認めない。

だが、――ここがとりわけ重要なのであるが――、俺（私）は弱者なんだから、みんなが理解していることが理解できなくとも、思わぬ過失をして大損失しても「しかたない」とはならない。そうではなく、弱者の理解力に合わせて、弱者がいかなる損失も被らないような「思いやりのある」社会を実現しなければならないのだ。つまり、自分ら弱者に社会全体が「合わせるべきだ！」と大声で訴えるのである。

こうすることによって、彼（女）は社会全体を弱体化することを目指す。

それは、とくに現代日本において恐ろしい勢いで実現されつつある。すなわち、この暴力的な「弱者の声」に政治や行政や企業が平身低頭はいつくばり、その怠惰きわまりない傲慢さにわずかも抵抗しようとしない、という社会が実現されつつある。

弱者とその観念的賛同者が共謀して、「弱いからしかたない」という逃げ口上を吐く人を徹底的に擁護し、それに批判的な人を徹底的に抹殺し迫害するのである。

ニーチェのまなざしは、まさにこうした風潮にまっすぐ向かう。われわれが生きている社会は、弱者をみんなで寄ってたかって甘やかす社会であるからこそ、もしわずかでも品位を持って生きることを望むなら、「弱いこと」をけっして生きる理由にしてはならない。いかに弱者であることが理不尽であれ（まさに理不尽のきわみである！）、自分の弱さにゆったり身を委《ゆだ》ねてはならないのである。

「弱いからしかたない」という言い訳をすぐに担ぎ出す人は、弱者であることから一ミリも動こうとせずに（なぜならそのほうがラクでトクだから）、自分を守ることだけを心がけている。彼（女）は、弱者であることを念仏のように唱えて、それにしがみつき、あとはいかなる事柄においても常軌を逸した行為を慎み、常識と習慣を重んずるようになる（なぜならそのほうがラクでトクだから）。

いや、もっと正確に語る必要があろう。彼らの多くは、――あとで詳細に検討するが――幾分その「弱さ」を恥じている。しかし、自分が弱さに由来する暴力を発動していることに充分気づいていないのだ。それが、弱者として生きることを拒否している強い人々に害悪を与えるか、考えることはないのだ。

なぜ考えないのか？　たえず鍛え上げようとする強者（オルテガの言葉を使えば「エリート」）に対する嫉妬《しっと》からである。その嫉妬心を自らに巧みに隠して、弱者は初めは恐る恐るそして次第に大声で、強者を指さして「自己チューだ！　エゴイストだ！　社会の敵だ！」

と叫ぶ。

こうして、気がかりな人々を総ざらい竈《かまど》の火にくべて、彼（女）は筋金入りの「善良な市民」になる。ただこうしていさえすれば、みんな自分を労《いたわ》ってくれる。ぐらぐらした足許《あしもと》で電車に乗れば、みんなわれ先に優しいまなざしで席を譲ってくれる。エスカレーターでちょっとよろけると、みんな一大事が生じたかのように助けてくれる。そして、何もしないフトドキ千万な輩《やから》を唾《つば》でも吐きかけるように冷たくあしらってくれる。

ああ、これ以上ラクでトクな生き方があろうか？　弱者が「弱者だからしかたない」という特権をけっして手放さないのもわかろうというものだ。

弱者は悪いことをしない

善良な弱者は社会の裁きを絶対的に恐れ、その裏返しとして裁かれた者を絶対的に侮蔑《ぶべつ》し排除する。彼らは社会制度に対して疑うということがまるでない。いや、そうではない。いったん自分が制度の被害者になれば、「制度の不備」を鉦《かね》や太鼓でわめき立てる。その情熱たるや、凄《すさ》まじいものである。制度が悪いから解雇されたのだ、制度が整っていないから年金がもらえないのだ、と鬼の首でも取ったかのようにがなり立てる。

しかし、温情的制度によって自分が過分に保護されていること（例えば、年金制度それ自身）に関して、「制度の不備」を申し立てることは金輪際ない。人生において、自分をあえて過酷な方向に持っていくという訓練をいっさいしなかったがゆえに、自分が他人よりソンをする制度、自分の努力が報われない制度を見いだすや否や、ヒステリックに「不当だ！」と叫ぶのである。

彼らはなぜこうも自己中心的なのであろう？　しかも、絶対に自己中心的ではないと思い込んでいられるのであろう？　疑問を感じないように自分を調教してきたからである。彼らに少しの「学」でもあれば（ああ、少しの「学」ほど有害なものはない！）、たるんだ顔で「民主主義だから」あるいは「法治国家だから」とのたまう。

善良な弱者が犯罪に手を染めないのは、彼らの良心が痛むからではない。彼らは間違ってそう思い込んでいるが、彼らには厳密な意味で良心などはない。良心とは、社会的掟《おきて》と自分自身の抱く信念とのあいだがずれるときに鮮明化するが、彼（女）にはこうしたズレは金輪際生じないからである。カントは至言を吐いている。

悪事をしようとしても、それをすることさえできないはずになっていることは耐えがたいことである。

（『美と崇高との感情性に関する観察』上野直昭《なおてる》訳、岩波文庫）

ニーチェの次の言葉も、同じ意味である。

「善人たちはすべて弱い。悪人たりうるほど強くないゆえに、彼らは善人なのである」と、ラトゥーカ族の酋長《しゅうちょう》コモロはベーカーに言った。

（『権力への意志』）

あらためて確認しておこう。善人が悪事をなさないのは、それが「悪い」からではない。ひとえに社会から抹殺されたくないから、つまり悪をするだけの勇気がないからである。社会に抵抗してひとりで生きていけるほど強くないからである。

それにもかかわらず、彼らは「良心がとがめるゆえに悪いことをしない」のだと思い込んでいる。どこまでも（ずうずうしくも）自分を美化したいのだ。

善人の最大の罪は、鈍感であること。つまり、自分自身をよく見ないこと、考えないこと、感じないことである。

弱者は人間のうちに潜む「悪」に向き合わない

善人は絶対に犯罪に手を染めることのないほど賢明である。しかし、同時に、殺人を犯したり放火したり強姦《ごうかん》する人の気持ちが皆目わからないほど愚かである。いや、ここでも正確に語りなおさねばならない。わからないのではない、かすかにわかるのだが、頭を左右に大きく振り「不純物」を脳髄から飛び散らすようにして、わからないことにしてしまうのだ。

その結果、親に復讐《ふくしゅう》するために家ごと燃やしてしまいたい、人生が厭《いや》になったから無差別に他人を巻き添えにして死刑になりたい、という青年の気持ちなどまったくわからないと涼しい顔をして語る。そして、「そんなに死にたければ、ひとりで死ねばいいのに」と、頭の片隅でひねり出しただけの薄汚いコメントを大っぴらに披露する。さらに、「同じように苦しくても、必死に我慢して生きている人もいるのに」と、これ以上ないアホ面を下げてしみじみ語る。

なぜなのか？　なぜ、彼らはこれほど愚かであるのに平然としていられるのか？　なぜなら、彼らは人間行為の複雑さを考えないように日々訓練しているからである。

犯行とその動機は――本人にもわからないほど――複雑で入り乱れているのに、それを「××により」と決めつけることが、いかに眉唾《まゆつば》物であるか明らかなのに、ここに踏み入ると危険だと察知して（そういうセンスは異様に発達している）、探求しないように心がけているからなのだ。

つまり、何も考えずに、ただあちこちで聞こえる安全無害な意見だけを採り入れて、それらを九官鳥のように繰り返しているだけなのだ。

善良な人とは、自分の属す共同体における価値観にぴったり添い、その共同体の色を背景とした「保護色」として、固有の身体を隠して生きていく人、生きていける人、生きていきたい人である。

こう言うと、真顔で、私は積極的にそうしたいわけではない、そうしているのは無性に苦しい、どうにかしてそこから逃れたい……と言い張る人もいるかもしれない。だが、そう抗議する人でも、現実にそこから抜け出さない限り、つまり、あえて危険な状態に身を置いて行動しない限り、やはりラクとトクを至上価値にする善人と同じ穴のムジナである。みんなが怒ることに怒りを覚え、みんながなんともないことはなんともない、そういう機械仕掛けの人形である。

こうして、善人という名の弱者は自分が属する共同体から排除されることを全身で恐れているがゆえに、いつの間にか、いかなるものであれ、自分が現に属している共同体の方針に加勢してしまうのである。

彼らは「平時」には、きわめて温厚で柔和である。しかし、身の安全が脅かされる「戦時」になるや否や、すべてをかなぐり捨てて権威筋に合わせる。そのためとあれば、すべての人を裏切り、たったいま主張したことを取り消し、危険を察知して貝のように口をつぐむのだ。

このとき、ラクとトクと引き換えに、彼らの人生は貧しく乏しくやせ細るであろう。感受性も思考力も鈍り、全身には「弱いからしかたない」という通奏低音が鳴り響き、それをわずかでも批判する意見には食ってかかり、ちょっとでも危険を感じさせる意見には耳を傾けず、サルトル流に言えば、たえず自分で自分を騙し続ける「自己欺瞞（mauvaise foi）」に陥るであろう。しかも、このすべてをほとんど無自覚のうちにやってのけるであろう。

こうして、善良な市民の体内には、長年かけて不透明な沈殿物が堆積《たいせき》していく。それは、強固な塊として当人の思考を麻痺させ、問題を問題として感じなくさせる。いや、もっと悪質なことに、自分のラクとトクに直接関しない限り、いかなる問題に対しても、高みの見物という態度をとらせる。

このすべてによって、そうではない人々（ラクとトクを生きる基準にしない人々）を凄まじい暴力で迫害しているのに、それにまったく気づかない鈍感で怠惰な、しかも自分を「正しい」と信じて疑わない弱者＝善人の結晶体が完成する。

すぐに仰向けになるイヌ

弱者の生態をニーチェほど鋭く抉《えぐ》り出した哲学者はいない。弱者は出会う人を正確に分類し、相手に自分が太刀《たち》打ちできないとわかると「すぐに仰向《あおむ》けになる犬」なのだ。

それ〔我欲〕がいっそう蔑視《べっし》するのは、即座に迎合する者、イヌのように、すぐに仰向けに寝そべる者、卑屈な者である。そして、卑屈で、イヌのようで、敬虔《けいけん》で、即座に迎合する知恵もまたあるのだ。

それ〔我欲〕にとって憎むべき者でさえあり、吐き気の種でさえあるのは、けっしてわが身を守ろうとしない者、有毒なつばでも毒々しいまなざしでも吞《の》み込む者、あまりにも忍耐強い者、何ごとをも耐え忍ぶ者、何ごとにつけ足るを知る者である。けだし、こういうのは、奴隷の流儀であるからだ。

（『ツァラトゥストラ』第三部「三つの悪について」〔 〕は引用者のもの、以下同様）

ニーチェがほのめかしているように、「智恵に類する者」例えば、学者やインテリはとくにそうなのかもしれない。私もさまざまな学会で「すぐに仰向けになるイヌ」のような学者をどんなにたくさん見てきたかしれない。

学会のあとの懇親会会場に到着するや否や、ぐるっと辺りを見回して、その中で「一番偉い人」に尻尾《しっぽ》を振って駆け寄り、腰をかがめていそいそビールを注ぎ、愛想笑いを絶やさずにお相手する。

その「偉い人」が学問に関してどんなにとんでもない意見を表明しようと「そうですね、へへへ」と同調する。まさに「けっしてわが身を守ろうとしない者、有毒なつばでも毒々しいまなざしでも呑み込む者」である。

そして、しばらくの歓談のあとで、またぐるりと場内に視線をさまよわせて「次に偉い人」を探す。そして、見つけるやまた駆け寄り、「あまりにも忍耐強い者、何ごとをも耐え忍ぶ者、何ごとにつけ足るを知る者」に化する。

彼がちょっとした中堅なら、彼に付き従う若手とのどんな白熱した議論の最中でも、別の「偉い人」から「きみい」と背中を叩かれれば、振り返り「あっ、先生！」と大げさに声を上げ、ビール瓶のところに跳んでいって、「済みません、気がつかなくて」と何度もぺこぺこ頭を下げながらビールを注ぐ。

そのあいだ、さっきまで議論していた若手はまったく存在しなくなる。こうして、懇親会とは彼にとって「奴隷根性」を発露する場であり、しかも——恐ろしいことに——自分の醜悪さと滑稽《こっけい》さにトンと気づかないのである。

こういう学者が「偉い人」になると、大変である。自分の後輩に対して、同じこと、いやもっと卑屈な態度を要求するのだから。そして、自分に尻尾を振らないイヌどもを、自分の前ですぐに仰向けにならないイヌどもを「生意気だ！」と断じ、その男（女）に関して罵詈《ばり》雑言を重ね、ありもしない風評をでっち上げ、学会から追放しようとさえ企《たくら》むのだから。

どこの社会でもそうであろう。新入社員や、大学助手や、新人議員など、ある組織における最下位の者は、ある程度卑屈にならなければ、ある程度「奴隷根性」を示さなければ、その組織内では認められないのだから。

問題は、ひとえに「上の者」の態度である。「上の者」が「下の者」に対してすぐに仰向けになるイヌを要求すると、その「下の者」も二〇年経つと、同じように自分より「下の者」に対してすぐに仰向けになるイヌを望むようになるのだ。

この場合、それでもまだ「上の者」が仕事において尊敬されていれば、あるいは人間的に愛されていれば、組織はある程度円滑に行く。最も悲惨なのは、何ら仕事上尊敬もされておらず、何ら人望もない者が、「下の者」にすぐに仰向けになる犬を要求するときである。その組織の空気は濁りきり、「下の者」の不満は限りないであろう。

イヌのようにくんくん人の後をかぎ分けてついてくる弱い者でも、いや弱い者であればこそ、その人の前で仰向けになる価値のある者とそうでない者とを正確にかぎ分けることができる。

弱い者であればこそ、誰にでもすぐに仰向けになるが、そうしながら心の中では軽蔑《けいべつ》している場合もある。こうして、彼（女）は生き抜く。こうして、彼（女）は生き抜けば生き抜くほど、独特の賢さを身につけ、ますます卑劣になっていく。

弱者は加害者である

ある人は、「俺（私）はこの方が生きやすいのだからこれでいい、これで自分なりに幸せなのだから放っておいてほしい」と言うかもしれない。だが、そういうわけにはいかない。

なぜなら、あなたはそうして弱さに留まり弱さに居直りながら、たえず陰湿な加害者の役割を演じているのだから、しかも悪質なことに、自分で気づかない加害者になり下がっているのだから。

あなたは、いじめを間近に見聞し、どきどきしながらも目をそらして何もしない子のように、眼前でいかなる不正が行われていても、あなたの平安が脅かされない限り、何もしないであろう。たとえいかなる苦しみの訴えが、まさにあなたに送られてきても、歯を食いしばり顔をゆがめてそれを拒否するであろう。

そして、いじめの結果自殺した級友が出ると、思わず肩を震わして泣き崩れる子のように、あなたが助けられたのにそうしなかったがゆえに深く傷ついた者が出ると、あなたは動揺し、とっさに自分を責める（ふりをする）であろう。

だが、ほんの束の間そうした反省に身を委ねるが、あっという間にすべてを忘れてしまい、ふたたび眼前で起こっている暴力を、不正を、迷惑を、徹底的に見ないであろう。

さらに、あなたが弱さとしっかり手を結んでいる限り、あなたは他人に対しても「弱くあれ！」という信号を送り続けるであろう。弱い者が強くなろうとすることを、必死の思いで妨げようとするであろう。常に、生命、安全、小さな幸福を念仏のように彼らの耳に注ぎ入れて、「世間はそんなに甘くないぞ！」という信号を「いつまでも夢みたいなこと考えているなよ！」という信号を……送り続けるであろう。

自分の信念や美学に従って生きようとする者を、そのためには危険をも顧みず生命をも懸ける人を、内心不安を感じながらもせせら笑い、すべての努力を「どうせ」という副詞によって粉砕しようとするであろう。

あなたの予期した通り、あなたの身の周りの弱者が強者になることに挫折《ざせつ》するとき、あなたはほっと安心するであろう。あなたは自分の「賢明さ」を再確認し、ますます自分を貧しい穴倉に追い込んでいくであろう。

しかも、自分は何も悪いことをした覚えはないと思い込んでいる、まったく手のつけられないほど欺瞞的な輩に変身してしまうのである。まさに、そうした「弱さに居直っている善人」であるあなたこそ、最も「害悪を及ぼす」とニーチェは言いたいのだ。

そして、たとえ悪人どもがどんな害悪をなすにもせよ、善人どもの害悪こそ最も有害な害悪なのだ！　また、たとえ世界を中傷する者たちがどんな害悪をなすにもせよ、善人どもの害悪こそ最も有害な害悪なのだ。

（『ツァラトゥストラ』第三部「新旧の諸板について」）

善人とは弱者であるゆえに自分は善良であると思い込んでいる人のこと、言い換えれば、弱者であるゆえの「害悪」（ああ、それは何という害悪であろう！）をまったく自覚しない人のことである。

善人は、まったく自己反省することなく、むしろ強者による永遠の被害者を気取るのだ。強者に翻弄《ほんろう》され続ける哀れな者という自己像を描き続けるのである。これ以上の鈍感、怠惰、卑劣、狡猾《こうかつ》、すなわち「害悪」があろうか！

「優しさ教」の犠牲者

子供たちのいじめにおいて、いじめる者の卑劣さは徹底的に追及されるべきであるが、いじめの標的にされる者は、やはりそれなりの理由があるように思う。

彼らが悪いのではない。むしろ、彼らは現代日本を支配している「優しさ教」の正真正銘の犠牲者なのだ。

もちろん、真の意味で彼らが「優しさ」を選び取ったわけではない。彼らはいかに他人からいじめられようと、他人から傷つけられようと、他人から人格を否定されようと、「優しくある」ことしかできないのだ。

その他人に向かっていくことができず、その他人の攻撃をガンと拒否することさえできないのだ。しかも、そういう自分に自己嫌悪を覚えている。としたら、彼らはいかなる意味でも「正しく」はない。

キリスト教の唱えるアガペーやガンジーの無抵抗運動とは雲泥の差がある。彼らには、イエスやガンジーのように、強いものに向かっていく勇気がない。だから、強いものを激しく憎みつつ、そういう勇気のない自分を責める以外にないのだ。

彼らは、生き抜くための勇気を徹底的に排除した劣悪な環境に育てられた犠牲者なのである。いじめられる子は、そろっていい子であり優しい子である。そういう子は「正しい」であろう。いじめる子は「正しくない」であろう。世の中、いい子であり優しい子ばかりがいれば何の問題もないであろう。

だが、――残念ながら――グリーンランドからチリの先端まで、人間の住む世界はそうなっていないのである。確かに、他人のポケットから財布を盗む者、落とし物を着服する者、パスポートを偽造する者、振りこめ詐欺をする者……は悪い奴である。誰でもいいから殺したい者、誰でもいいから強姦したい者、どこでもいいから放火したい者は、物騒きわまりない輩である。

だが、こう言ってもそういう人は現実にいるのだから、用心するほかない。現金を人前にちらつかせないように、銀行のＡＴＭでは、背後の人に気をつけるようにするしかない。街を歩くときは、ナイフで襲われないように前後左右注意し、駅のプラットホームでは突き落とされないように気をつけ、娘さんは強姦されないように合気道を習うなり、目潰《つぶ》しのスプレーを常時携帯するほかない。

こんなにあたりまえのことを、なぜ大人たちは子供たちに教えないのであろう。人生「優しい」だけでは、人を信頼するだけでは、人に愛を注ぐだけでは、人を赦《ゆる》すだけでは、生きていけない。

いや、生きていける。その場合は、凄まじい不利益を被ることを覚悟すべきだ（イエスのように、コルベ神父のように)。悪い奴の餌食《えじき》になってもしかたないと居直るべきだ。

ところが、「優しさ教」の教徒たちは、こうした覚悟がまったくない。悪い奴がつけ入ることを防ぐ武器を携帯することさえできない自分は、「正しい」と思っているのだから。

正直者が損をする?

「正直者が損をする」と嘆く御仁がいるが、それが厭なら明日から「正直者」をやめるしかない。自分が何の努力もしないで、世の中を嘆いてみせたところで、何の意味も価値もない。ただ、頭の悪さと卑劣さを晒《さら》すだけである。

このことは、とりわけ子供たちにもしっかり教育すべきだと思う。よく耳の垢《あか》をほじくって聞いてもらいたいのだが、世の中は「悪い人」がうじゃうじゃいるのだ(その一人が「あなた」だということはあとで話す)。だから、この世の中で当分のあいだ生きていきたいのなら、二つの辻褄《つじつま》の合った生き方しかない。

その一つは、どんなに損害を被っても、生命の危険があっても、自分の正しさを貫くというもの。そしてもう一つは、それは御免だから自分も「悪い人」として居直って生きること。

ただ口先で「世の中おかしい」と言っているだけの人は、じつのところ悪徳商法の大家より、振り込め詐欺のプロより、道徳的に悪い。なぜなら、あらゆるスリや泥棒やサギ師は少なくとも自分が「悪い」と自覚しているが、彼らはそういう最低の善悪の自覚さえないのだから。

だから、子供を「この」世の中で生きていくように育てたいのなら、この世の中が優しさや善意だけでは生きていけないことを教えなくてはならない。弱く優しい「いい子」を転倒させようと虎視眈々《こしたんたん》と狙っている子もまたいることを教えなければならない。

そして、そうした子も、また「普通の子」なのだ。そういう悪魔が、誰のうちにも（じつはいじめられる当人のうちにも）潜むことを教えなければならない。

そう語ると、善人とは唖然《あぜん》とするほど頭が悪く、途方もなく鈍感だから、「人を信用できない世の中になった」とか「子供に人を信用してはいけないと教えるのは辛《つら》い」とのたまう。自分がいま何を言っているのか、わかっているのだろうか？　それじゃ、自分の信念を貫いて、わが子がよそのおじさんについていって誘拐されて殺されても文句を言わないことだ。

だが、善人は鋼のように硬くて強い。わが子は全然悪くない。罪のない子供を誘拐した男こそ悪いのだ。でも、そういう男が現にいるんだから、台風や地震に備えるように備えるほかないのではなかろうか？

自分で、身体を張ってこんな「悲しい」社会を改革するというのなら、少しは話はわかるが、善人は何もしない。恐ろしいほど何もしないで、ただ「こんな社会は間違っている！」

と嘆いているだけなのだ。

何もしないで、たえず文句ばかり、しかも紋切り型のきれいごとばかり語っているのが善人である。そのことをわずかにも反省していない人、考えているふうでじつは何も考えていない人、これほど懇切丁寧に説明しているのに、こんな自分のどこが悪いのか全然わからない人、それが正真正銘の善人である。

こうして、弱者は油断すると、癌細胞が増殖するように、ずんずん傲慢になっていく。だから、心してそれを食い止めなければならない。それには、まず自分の中の弱さをいとおしく思ってはならない。それを憎まねばならない。そして、それから脱しようとしなければならないのである。

なぜ世の弱者は、自分の中の弱さを変えようとしないのだろうか？　変えようとしないばかりか、それを誇りさえするのであろうか？　思うに、弱者は——狡《ずる》く怠惰なことに——どこまでもラクとトクを求めるからであり、そのほうが自分の中の弱さを変えるよりずっとラクでトクだからである。

新型の弱者

現代日本では、これまで論じてきた旧来の弱者とはタイプのまったく異なる新型の弱者が数百万人という規模で発生しているようである。ここで、その生態を観察してみよう。

　この新型は、先ほど触れた「弱者の一変種」に限りなく似ているが、しかしやはり疑いなく新型である。つまり弱者の一変種のさらに一変種なのだ。

　彼らは、「自分はいままで自分に下されてきたあらゆる平凡な評価では計りきれない優れた人間である」という思い込みを棄てることなく生きている者であるが、こうした思い込みの強さとは裏腹にきわめて「心の弱い人」である。

　すなわち、人間関係が破綻《はたん》するゆえどんな仕事も続けられない人、世間が無性に怖い人、むやみに傷つきやすい人、他人を絶対に信じられない人、こんな弱い自分は生きている価値がないと思い込んでいる人……なのである。

　つまり、彼らは恐るべき自己肯定的であり、そして同時に恐るべき自己否定的である。

　そして、こうした彼らの一部は、裏に回ると（例えばネット上では）ありとあらゆる他人を誹謗《ひぼう》中傷することに命をかける。

　新型の弱者は、「古典的弱者」に比べて格段に生命力がなく、これに加えて社会的成熟度が恐るべき低レベルに留まっている。古典的弱者は、弱者特有の鈍感さや怠惰さの上にあぐらをかき、それによってどうにか自分を保つという安全装置を具備しているが、新型の弱者は、自分が「正しい」とはつゆ思っていない。他罰的ではなくあくまでも自罰的である。

しかも、このことと不思議に両立するのだが、少なからぬ彼らはネット上で、あくまでも匿名で、自虐的とも言えるほどの他人攻撃にウツツを抜かすのである。それも、憂さ晴らし程度の軽い気持ちで、著名人や、犯罪者に「バカ！　死ね！　殺すぞ！」という過激な文字を書き込むのだ。

彼らの価値観は二極化している（といっても、じつは一極であることはすぐにわかるが）。直ちに目につくのは、彼らの批判の仕方が世間的な価値観にぴったり寄り添っていることである。

学歴、肉体の美、育ちのよさ、特殊技能、金銭的豊かさ、知名度など現代日本で賞賛されていることをそのまま受け入れ、「チビ、ハゲ、ブサメン、ブス、チカン、中卒」など、その欠如体を恐ろしいほどストレートに蹴落《けお》とす。彼らが世間的価値観の大枠を超えていないことは、といっても「メクラ、ツンボ、ビッコ、カタワ、クロンボ」などの差別語を撒《ま》き散らすことが（ほとんど）ないことによってもわかる。

だが反面、彼らは時には恐ろしく単純に世間の価値観を逆転する。二〇〇八年秋葉原《あきはばら》で通行人を無差別殺傷したKや、二〇〇九年に英国人女性の死体を遺棄した容疑で逮捕されたIに対する、異様とも思える英雄視がそれを物語っている。

しかし、これは二極化ではない。

世間の価値観にがんじがらめになっているので、その価値観において下位にある自分に望みはないのだが、諦《あきら》めきれずといって現実の力もないので、さしあたり成功者を匿名で足蹴《あしげ》にすることによって憂さ晴らしすることしかできない。あるいは、犯罪に走る勇気さえないから、匿名のまま犯罪者を賞賛し英雄視する。こうして、滑稽なことに、身を隠し小さな穴から社会をこっそり覗《のぞ》いて、社会の価値観に揺さぶりをかけたつもりなのだ。

新型の弱者は、弱者の行きつく先を示している。それは「卑劣」の結晶体である。しかも、悲劇的なのは、彼らは旧来の弱者に比べ数段「自省的」なので、できれば「弱いのだからしかたない」と思い込みたいのだが、そうはいかないことを全身で知っているのだ。彼らは、自分の弱さから抜け出したいのだが、自分の弱さに激しい嫌悪感を抱いているのだが、それから脱出する術《すべ》がないので苦闘しているのである。

かつて善良な弱者の一部は、人間として平等に生きる権利を主張して戦った。そこには、ニーチェの指摘するように「弱さを武器にした悪臭」が満ちているが、それでもまだ「空威張り」がある。だが、現代版社会的弱者にはそれさえないのだ。彼らはいかなる社会運動もしない。いかなる積極的な主張もしない。ただ、匿名でありとあらゆる他者を嘲笑し、愚弄《ぐろう》し……自室のパソコン画面の中で瞬時の快にふけっているだけだ。

時には、彼らは「自分の窮状をわかってもらいたい」という要求をおそるおそる人々の鼻先に突きつける。そして、わかってくれないあらゆる他人を切り捨てる。その結果、自分の部屋に鍵《かぎ》をかけてひきこもる、身体を切り刻む、「自殺してやる」と脅しをかける……。

彼らは、完全に無力であるのではない。こういう陰湿な武器が独特の力を発揮することをひそかに知っている。彼らは周りが狼狽《ろうばい》すると、さらにさらに陰湿な形で復讐を企み続けるのだから。

こうした新型の弱者も現代日本ではそれほど排斥されず、「公認」されつつあると言っていいであろう。彼らの周囲には物わかりのいい大人たちが繁茂している。かつてのように、「出て行け！」と家から追い出しはしない。「勘当する！」（いまの若者たちはこの言葉を知っているだろうか？）と脅迫することもない。

なぜなら、そうした素振りでも見せれば、若者たちは自殺してしまうかもしれないのだから、家出してホームレスになり野垂れ死にしてしまうかもしれないのだから。いや、まかり間違えると、家族をあるいは赤の他人を刺してしまうかもしれない、家に火をつけて一家皆殺しにするかもしれないのだから。

こうして、現代日本においては、グロテスクな甘えが凶暴性にまで至った弱者が急増大し、みんなその「弱さゆえの強さ」に恐れおののいている。

弱者の好む「強者支配」

弱者はその弱さを認めれば認めるほど、ますます「これでいいのだ」と思い込み、しかしこれでいいはずはないという気持ちが裏打ちされているので、ますますこれでいいはずはないと思い、自己分裂が拡大し、ますます自信を失い、ますます生きる力を失い、ますます抵抗力がなくなり、つまりますます弱くなる。

だが、弱者は同時にますます強くなるのだ。ますます周囲の者に対して非寛容になり、ますます社会に適応している（いわゆる）強者を憎むようになり、引きずり降ろそうと企むようになり、ついには「誰でもいいから」殺そうとする。

ここで急いで付け加えると、私は断じてこういう「弱者支配」を嘆き、どうにかしようと画策しているのではない。こういう若者たちを撲滅し「健全な」社会を実現しようと提唱するのではない。私はそんなに単純なお人よしではない。人間に対してもっと確かな眼を持っているのである（?）。

ニーチェが予言した「弱者支配」を覆そうとするとき、またもや弱者に支えられ弱者の好み通りの「強者支配」が実現されてしまうであろう。知能も低く判断力も貧しい弱者にもわかるような単純きわまりない「強者」がのさばるであろう。

その絵に描いたような実例を、われわれは七、八十年前のドイツやオーストリアで見たではないか！

ヒトラーの率いるナチスは、多くの国民に頭が相当悪くても理解できるようなわかりやすい希望と目的を示した。当時、ヒトラーのアーリア人優秀説は、自分をダメだと信じ込んでいたどんなに多くのドイツの若者たちを救ったことであろうか？　さらにその対極に悪魔の使いのような劣等人種であるユダヤ人を置くことで、なんと展望の利く形でその思想を受け容《い》れることができたであろうか？

マヌケでもウスノロでも役立たずでも、ドイツ人というだけでもう合格なのだから、こんなにラクで簡単なことはない。ドイツ人というだけで自分は自動的に「ダメ人間」ではなくなるのだ！　こんな自分でも、偉大なドイツ民族のために、ヨーロッパを支配する目的のために働くことができるのだ！

まさにヒトラーは、最も単純な頭の持ち主でも賛同できる「強者支配案」を打ち出したのである。自分の劣等感を完全に払拭《ふっしょく》してくれ、何も努力しなくても自分は落ちこぼれではないと思い込める食物だけを与えたのだ。そういう幻想に陥りたい弱者どもの喝采《かっさい》を受けたのだ。

しかも、ヒトラーが、こうした単純きわまりない思想以外のすべての思想を徹底的に弾圧することによって、「健全な」国家を望んでいたことを忘れてはならない。そうすると、ああいうことになるのだ。大衆が眼を輝かせて怒濤《どとう》のようにヒトラーを出迎え、全身の嫌悪をもってユダヤ人を告発する社会になるのである。

問題の難しさが浮き彫りになってきたであろう。弱者が蔓延《まんえん》し、力を持つ社会が実現されつつある。だが、そこからの出口を安直に提唱するわけにはいかない。その果てには、もっと恐ろしい社会が待ち受けているかもしれないのだから。

弱者は権力と権威を愛する

ヒトラーは大衆＝弱者の心理を知り尽くしていた。彼は、大衆の心を、すなわちその愚かさ、単純さ、飽きっぽさをつかんだがゆえに、権力を掌握できたのである。

宣伝はすべて大衆的であるべきであり、その知的水準は、宣伝が目ざすべきものの中で最低級のものがわかる程度に調整すべきである。それゆえ、獲得すべき大衆の人数が多くなればなるほど、純粋の知的高度はますます低くしなければならない。

（『わが闘争』平野一郎訳、角川文庫）

大衆の受容能力は非常に限られており、理解力は小さいが、そのかわりに忘却力は大きい。この

事実からすべて効果的な宣伝は、重点をうんと制限して、そしてこれをスローガンのように利用し、そのことばによって、目的としたものが最後の一人にまで思いうかべることができるように継続的に行なわれなければならない。　（同書）

わが国に目を転じても、弱者＝善人は帝国が戦争に勝っているあいだは、満面の笑顔で戦勝祝いの提灯《ちょうちん》行列に加わり、出征する兵士を心から激励する。万歳の轟く中、母親が物陰で手ぬぐいを口に当てて泣いたとて、戦争に「協力」していることに変わりはない。徴兵検査で不合格になった若者を罵倒《ばとう》しないまでも、全身で軽蔑あるいは哀れむ限り、敵国の英語をしゃべる者、ジャズを聴く者、スカートをはく者に対して訝《いぶか》しいまなざしを注ぐ限り、戦争を賞賛することに変わりない。

そして、戦争の形勢が悪くなり、地獄のような苦しみがついに敗戦という形で終わるや否や、一方では、「東条《とうじょう》に、陸軍に、政治家に騙されていた！」と無邪気に絶叫し、他方では、上陸してきた占領軍（戦勝軍）に対して「民主主義万歳！　マッカーサー万歳！」と拍手喝采するのである。

弱者＝善人は、じつに権力に敏感である。なぜなら、彼（女）は保身だけを求めるから、村八分にされないように細心の注意を払わねばならないからである。自分は弱いからそう動くしかない。そう自分に言い聞かせて、その時々の支配者にいやいやながらも従う。そして、その時々の支配者に反対する者からは距離を保ち、なるべく関わらないようにする。

最近、あらためてよくよくわかったことがある。ドイツ軍のポーランド侵攻、チェコ進軍のニュースに、喜びに酔いしれて、ヒトラーの乗るオープンカーめがけて雪崩のように駆け寄る膨大な群衆、あるいは日清戦争や日露戦争の勝利のニュースに、喜色満面提灯行列をする群衆の映像を見て、善良な弱者が戦争反対を唱えるのは、戦争とは「負ける」可能性があるからだということである。戦局が不利になり身内が死にわが身に危険が及ぶから、つまり苦痛が増すからだということである。

弱者＝善人は、祖国が勝利しているあいだは、いかに大量の敵を殺しても、膨大な敵に危害を加えても、凱旋《がいせん》する兵士たちを歓呼の声で迎えるのだ。なんと功利的で、卑劣で、「悪い」輩であろう！

（公認の）被差別者は弱者ではない

ここまでの分析で気がついた方も多いと思うが、身体障害者、犯罪者、性的マイノリティ、外国人、被差別部落出身者など、「公認の被差別者」は、以上の意味での弱者ではない。オルテガの言葉を使えば大衆ではない。

なぜなら、彼らは「公認の」被差別者であるがゆえに、社会の「保護色」になりえず、そこから浮き立ち、よって時々刻々と自分の思考と感受性を尖《とが》らせていなければならないのだから。

一歩外に出るや否や、他者と交わるや否や、全身がひりひり痛むほどのまなざしの攻撃を受け、あるいは、自分の「身分」を打ち明けたとたんに、柔和な弱者＝善人が掌《てのひら》を返すように態度を変えたり、逃げ腰になったりする卑劣さを身に染みて知っているのだ。

もちろん彼らすべてがすばらしい人だというわけではない。彼らの中にも、こうした過酷な体験を通じて、かえって心の狭く貧しい人、怨念《おんねん》に凝り固まった人、杓子《しゃくし》定規で偏見の塊の人はいる。

しかし、彼らは当たり障りのない言葉を投げつけて、彼らのもとから大急ぎで逃げていく弱者＝善人の狡賢《ずるがしこ》さ、卑劣さだけは身に染みて知っている。そうした弱さの暴力を見抜く精神だけは鍛えられている。彼らはけっして弱者＝善人にはなりえず、なりたいとも思わず、あらゆる観点から見て弱者＝善人ではない。

第二章　善人は安全を求める

善人の最高価値は身の保全である

前章の考察から自然に導かれることであるが、弱者である善人は、ひたすら身の保全ないし平穏無事を求める。これは、いかに強調しても足りないので、本章であらためて善人の身体を構成する「安全」というものを解剖することにしよう。

だが、彼ら〔善人ども〕が自分たちのものとして持っている徳は、長く生きるためのものであり、しかもある哀れむべき自己満足のうちに生きるためのものなのだ。

(『ツァラトゥストラ』第一部「青白き犯罪者について」)

善人は、安全という最高価値を守るためなら、他のあらゆる価値を踏みにじってもいいと思っている。彼らにとって、安全が脅かされることが唯一の恐怖なのであり、自分と自分の身近な人物が毎日「安心して暮らせれば」それでいいのだ。そういう人生を望むうちに、彼らはますます小さくなり、ますます弱くなる。

彼ら〔民衆〕は前より小さくなった。しかも、ますます小さくなりつつある。――だが、これは幸福と徳とについての彼らの教えのしからしめるところなのだ。すなわち、彼らは有徳という点でも慎《つつ》ましやかである――というのは、彼らは自己満足を欲するからだ。だが、自己満足と調和するのは、ただ慎ましやかな有徳だけである。

（『ツァラトゥストラ』第三部「小さくする徳について」傍点（強調）は原著者のもの、以下同様）

善人の求めるものは「小さな幸福」であるから、それを求め続けるうちに、彼らは「ますます小さくなる」。彼らの美徳はすべて消極性＝否定性から成り立っているのだから、そうなって当然である。

すなわち、善人とは、――本書のはじめに見たオルテガの大衆の定義と同様――社会的に与えられた者でも与えられない者でもなく、優秀な者でも劣悪な者でもなく、権力者でも非権力者でもなく、差別者でも被差別者でもなく……、自分は「弱いから正しい」少なくとも「弱いから悪くはない」という等式に安住する者、すなわち「強い者」を敵視し、いざとなれば「弱さ」を武器にしようと身構えて生きている者である。

なぜ善人どもは弱さの上にあぐらをかいて、反省することがないのだろうか？　それを徹底的に追及し、それから脱却しようとしないのであろうか？　自分の弱い身体を鍛え上げようとしないで、何らの自己変革の努力もしないで、そのまま特権を認めてもらいたいと願うのであろうか？

彼らは、安全を求めながらみずからは何もしない。その過酷な仕事を、国家に政治家に官僚に企業家に……つまり強者に期待する。強者が自分たちのために安全を確保することは義務なのだ。そして、それができない強者を嘲笑《ちょうしょう》し、足蹴《あしげ》にし、罵倒《ばとう》し、追放する。なぜ、これほどの暴力が許されるのか？

答えはすこぶる簡単である。特別何も持っていない、小さな幸福で満足している、平凡で従順な自分たちが、共同体において唯一「正しい」者だと教育（洗脳）されているからなのだ。

善良な弱者たちは、表面上は至極温厚である。他人に面と向かって意地悪することはなく、人の見ているところでは自分を押し通すこともなく、みんなのくつろいでいる場の空気を崩さず、どこまでも謙虚で忍耐強い。

みんなの見ているところでは、褒められそうなところでは、自分の安全が脅かされない限りにおいて、自分を犠牲にしても他人を助けるかもしれない。自分が空腹でも隣の飢えた子に一かけらのパンを与えるかもしれない。自分が寒くても隣で寒さに震える老人に毛布を渡すかもしれない。そして、みずから「道徳的」であると自覚し、いい気分に酔うかもしれない。

だが、裏ではこそこそ動き回るのだ。みずからの安全を確保しようとして、あらゆる噂に聞き耳を立て、自分に関するあらゆる評判を探り出す。そして、少しでも悪評が立つと、その火種を探り出そうと全精力をかけ、その張本人をけっして許さない。こうして、陰では執念深く彼（女）を呪い続け、その没落を願うことさえある。しかし、当人に面と向かっては微笑を絶やさない。

だが、表立っては何もしないくせに、身の危険をわずかでも察知するや否や、彼らは、ペテロがイエスを三度も「知らない」と言ったように、あっという間に逃げ出す。その逃げ足の速いこと速いこと、たまげるほどである。安全が確保されなくなりそうになると、真理であろうと、正義であろうと、友情であろうと、愛であろうと、かなぐり捨て、くるりと背を向けて、自分の生命にしがみつくのだ。

極限状況ではみんなそうするであろう。そうせざるをえないであろう。そうした状況に置かれると、みんなみずからの弱さを露呈するからである。だが、人はここで二種類の人種に分かれる。

一つの人種は、そのことに関して激しく自分を責める人である。そこに大きな問いを見出《みいだ》し、そこにひっかかり続ける人である。だが、もう一つの人種は、そのことにわずかな苦しみを覚えるかもしれないが、たちまち「しかたがない」と呟《つぶや》いていっさいを片付ける人である。後者が、「善人」という名の弱者である。

彼らは――もう一度確認すると――「自分は弱いから」という理由によって自分の行為のすべてを正当化する者、「しかたない」と呟いて「自分は弱いから」すべてが許されると信じている狡賢《ずるがしこ》く卑劣な者どもである。

バカ管理放送漬け

それにしても、欧米の善人に比較すると、わが国の善人は、その幼児性において手におえない。日本中人の集まるところすべてに垂れ流されるあの「管理放送」はいかにしたものか？

初詣《はつもうで》でも、箱根《はこね》駅伝でも、お花見でも、花火大会でも、秋のお祭りでも、警官あるいは自治体あるいは町内会の係員がマイク片手に「立ち止まらないで下さい！　押し合わないで下さい！　左側通行です！」と大音響でがなりたてる。

その轟音《ごうおん》地帯を羊の群れのような善人どもが、穏やかな顔をして通り過ぎるのだ。まさに、（後に論ずるが）ニーチェの言葉を使うと「畜群」である。

私は、こういう注意放送はまったく必要ないと信じているので（欧米では立錐《りっすい》の余地なく人が集まってもまったくない）、さらに無礼で環境を損ねると信じているので、何度抗議したか知れないが、絶対にやめない。日食になると踊り出す野蛮人のように、この国では人が集まると、管理責任者は、慌てふためいて、踊り続ける（スピーカーががなりたて続ける）のだ。一種の強迫神経症であろう。

新宿西口から都庁に向かう地下道ではラッシュ時間になると、「歩行者が多くなってきました。お互いの接触事故にご注意ください。歩行はマナーを守りましょう！」という背筋がゾーッとする放送が流される。「一体、接触事故がそんなに頻繁に生じるのですか？」と都庁に問い合わせても、件数を言わない。そして、絶対にやめないと言う。

問題は、こういう頭の固い「お上」ではないのだ。その屈辱的な放送漬けの中を平然とした顔で歩いている善人たちなのである！

この国中の人がスローガンにしている「安全第一」ほど間違ったものはない。これは、人間を家畜の群れにする。そして、自ら危険な状況を察知して回避するという野生動物に当然備わっているはずの能力を摩滅させる。

現代日本人は、一体どうしてしまったのであろう？　だらりと寝ぼけ眼で歩いても、前後左右いかなる注意も払わなくても、いかなる災難にも遭わない駅や道路や街や村や観光地の実現を求めるのだから。

こうして、海水浴場でも、プールでも、行楽地でも、遊園地でも、駅構内でも、電車の中でも、バスの車内でも、エスカレーターでも、動く歩道でも、……一滴の危険がありうるところ、日本国中バカ放送が溢《あふ》れ返る。

誰もこうした神経症的安全主義に抗議しない。それがいかに人間をダメにするか、自らの責任を回避し、他人（お上）に責任をなすりつけ、だから人々はますます鈍くノロマになっていく。

電車の中に百万円入りの鞄《かばん》を置き忘れたら、その男が悪いのである。バスに乗って、急カーブでひっくり返り脳震盪《のうしんとう》を起こして死んだら、その老人が悪いのである。エスカレーターで遊んで、ベルトに巻き込まれて大怪我をしたら、その子が悪いのである。確かめもせずに電話の相手を息子と信じて大金を振り込んだら、その母親が悪いのである。夜の街を裸同然の恰好《かっこう》でうろつきまわって痴漢に遭ったら、その女が悪いのである。

善人＝弱者支配の社会では、こんな単純きわまりないことが通じない、いやそればかりか、ちょっとでもこうしたことを語るや否や、ひどく嫌われ、「優しさが、思いやりがない」といって社会的に排斥されるのだから、たまったものではない。

後期高齢者

善人は、管理されることが大好きだから、こうしたバカ管理放送は聞き流す。そこに、何の屈辱も侮辱も感じない。といって、善人は鈍感であるわけではない。少しでも弱者の味方をしない社会的強者の態度を見つけるや、差別発言を耳にするや、ただではおかないであろう。

ちょっと前に「後期高齢者」という言葉が問題になった。老人を物のように冷たく扱う言葉だというのだ。なぜ問題になるか、私にはまったくわからない。七五歳過ぎの老人は知能も体力も減退した疑いのない弱者ではないか。ほとんどが生産活動に従事していない、もうすぐ死んでしまうだけの極限的弱者ではないか。六〇代突入と共に、私はすでに自分がそうだと思っている。

本来なら（近代以前の社会なら）、いかに現役時代（敗戦後、祖国復興のために）血眼に働いたとしても、老後年金などを当てにして生き続けてはならないはずの社会の荷厄介ではないか。それを、ああせよ、こうせよと言うに留《とど》まらず、自分たちにつけられた「後期高齢者」という当然の言葉までいちゃもんをつけるとは！

後期高齢者はもっと謙虚になってもらいたい。いかに真面目に働き続け、長年月、年金のために積み立てていたとしても、現在自分たちは労働をせず、若者壮年たちに労働をさせて、その「あがり」でただ生きているだけだ、ということを自覚してもらいたい。

後期高齢者は、精神的にも肉体的にも社会的にも、疑いなき弱者であることを自覚して、かつてなら「姥《うば》捨山」に捨てられる身であることを自覚して、「生かされていること」に対してもっと謙虚になるべきである。

善人はあきらめるふりをする

後期高齢者のみではない。善人は、いつでも自分の「無力さ」を持ち出そうと身構えている。彼は、人生の中盤に至って、時折ため息とともに自分の地味な人生を想い起こす。このまま何も華々しいことはしないで、死んでいくのか？　死んでしまったら、あっと言う間に忘れ去られるであろう。生まれてきて何があったか？　何もなかったではないか。ただ、みんなから後れをとらないよう、社会から排斥されないよう、生きてきただけだ。もっとよい生き方ができたのではないか、という思念がさっと脳髄を掠《かす》める。

特別世間的に成功しなくてもいい。ただ、自分だけしかできない仕事をして人生を送りたかった。死ぬまで絵を描き続け、小説を書き続け、料理の修業あるいは仏道の修行をし続ける人々は心底うらやましい。俺には会社を辞めたら、もうすることがないのだから。還暦を迎えて、趣味に油絵を描いても、ピアノを習っても、料理教室に通ってもおもしろくはない。

だが、たちまち「これでよかったのだ」という別の声が聞こえてくる。自分は地味ながら与えられた仕事をしっかりこなしている。ささやかながら家庭も築き、さしあたり健康であり、何でも話せる友人もいる。考えてみれば、これ以上の幸福はないではないか。この幸福を大切にすることこそ、俺の義務なのだ……。こうして、コンピュータにプログラミングされていたように、「模範解答」が出てくるのだ。

善人は「生命」と「身の保全」と「幸福」という欲望の三点セット以外のあらゆる欲望を完全にあきらめた人種ではない。だが、これら欲望の三点セットがわずかでも揺らぐと、慌てふためき他のすべての欲望を投げ出して小動物のように一目散に巣に駆け戻っていく。

時折、「これでいいのか？」という自責の念に囚《とら》われないこともない。しかし、それも長続きはしない。善人は、そういうチャンスをしっかり全身でとらえようとしないで、すぐに頭を叩《たた》いて「愚かな幻想」を頭からふるい落とそうとする。そしてふたたび必死に「これでいいのだ」と自分に言い聞かせようとするのである。

彼はあきらめてはいない。あきらめているふりをするだけだ。いつかこの自分にも何かすばらしいことが生じるかもしれない、そう待ち望んでいる。しかし、哀れなことに、その何かが生じたとき、自分はやはりラクでトクなほうしか選ばないことも知っているのだ。

彼が自覚していないこと、それは、人間は一つ一つの経験からしか次の決断をなしえないということだ。いや、彼はラクとトクという基準によってのみ人生を乗り切ってきたのだから、もはやそれしかできないということだ。

善人は異様に賢いから、このことを骨の髄まで知っている。だから、織田信長《おだのぶなが》や坂本龍馬《りようま》、あるいは西行《さいぎよう》や芭蕉《ばしよう》に憧《あこが》れつつ、けっして自分と重ね合わせることなく、ただ仮想の世界で僅《わず》かに翼を広げるだけである。

還暦を過ぎてから、いやじつは二〇年も前の四〇の坂を越えるあたりから、人は（とくに男は）完全に二つの人種に分かれる。一つは、いかに瑣末《さまつ》なものでも、いかに世間的に評価されなくても、自分の「天職」をすでに手に入れ、それをなるべく完全なものにするために残りの人生を懸けようとする人々である。そして、もう一つは、そのようなものは何もなく、しかも「それでいい」と呟きながら、ただ老いていく人々である。

これには、学力も教養も関係ない。お笑い芸人として一途《いちず》に修業する者、最高のラーメン屋を目指す者は前者に入り、高学歴・高収入で教養もたっぷりありながら、いかなる意味でも生涯を懸けて目指すものがないままに老後を迎える男はゴマンといる。

ただ老いていくだけの人はますます柔和になる。健康で長生きをし、肌もつやつやし、適当に小銭も持っていて、朗らかそうにカフェーでくつろぎ、仲間と野山を散策している。最近、私の周りにもこういう老人の群れが目に付くようになった。

私は、彼らが嫌いである。あとは死ぬだけなのに、そして、それはもう戸口まで来ているのに、そのことすら真剣に考えようともせずに、ニコニコ顔で生きている人々は、私の美学に激しく反するから。

善人はけっしてあきらめない

だが、まだ老いていない善人たちは、身の危険のない絶対安全地帯では、わずかの欲望満足の機会も見逃さない。

そうした場所こそ、前章で触れた「新型弱者」にとっては、インターネットの掲示板（とくに「2ちゃんねる」）なのだ。ここは、弱い羊の化けの皮が剝《は》がれ、考える限り最も凶暴性を有する本性を垣間《かいま》見させてくれるまことに貴重な空間である。そこにうごめくのは、嫉《しっ》妬《と》と羨望《せんぼう》と憎悪と怠惰と恐れと投げやりと自嘲《じちょう》、これらのボロ布を幾重にもまとって、彼らは自分のさもしい欲望を全開させる。

弱さゆえに自分が認められないこと、報われないことにどうしてもあきらめ切れない輩《やから》たち（じつはとっくの昔にあきらめているのであるが）が排泄《はいせつ》する言葉のごみ溜《た》めであり便所である。その臭気たるや、思わず鼻をつまみたくなるほど凄《すさ》まじい。

しかも、じつのところ、彼らに嫉妬や憎悪を抱くなと命じることはできない。世の価値体系にどっぷり浸《つ》かっている彼らには、それは不可能だからである。しかし、せめて、嫉妬と憎悪で破裂しそうな自分を恥じないでもらいたい。ニーチェは言う。

きみたちは、憎悪と嫉妬を知らないでおれるほど偉大ではない。されば、それらを恥じないでおれるほど偉大であれ！

（『ツァラトゥストラ』第一部「戦争と戦士たちとについて」）

ネット上で憂さ晴らしをしている弱者たち、すなわちけっして表で堂々と試合をせず、陰に回って匿名のままありとあらゆる表舞台で動いている者を嘲笑し、唾《つば》を吐きかけ、足蹴にする者たちは、疑いなくその行為を恥じているであろう。「恥じていない」と言ったとしても、自分の身分を公表しないのは、やはり恥じているからである。それが卑劣な行為だと知っているからである。生年月日、正式の住所、本籍、学歴、職歴を公開すれば、どんな酷《ひど》い仕打ちを受けるか知っているからである。

匿名のまま、自分は安全なところにいて、ありとあらゆる有名人を、犯罪被疑者を、定式通り裁くことは、最も頭の悪い人間にもたやすくできることである。しかも、彼らのほとんどは、それを「軽い気持ちで」実践している。中学生が同級生に（あるいはいま隣に座っている少年あるいは少女に）軽い気持ちで「死ね！」とか「くさい！」と携帯電話でメールを送るように。

彼らは、精神が未発達であるから、軽い気持ちが（軽い気持ちだからこそ）どんなに他人を絶望に追いやるか知らない。想像力が乏しいから、ある人が複数の他人によって（しかもごく近くの）「軽い気持ちで」あざ笑われることがどんなに辛《つら》いか、自分に置き換えて想像することができない。

いじめっ子にいじめの卑劣さを教えるには、同じ死ぬほどの思いをさせるしかないという信念を貫き実践している鳥山敏子《とりやまとしこ》さんではないが、こういう輩を「治す」には、被害者とまったく同じ思いをさせるしかないのではないか？

しかし、彼ら新型弱者どもは、互いに闘争し、くたびれ果て傷つき果てて、退散する場合もある。

他人を攻撃してもいい。しかし、その場合は正々堂々と名乗りをあげて攻撃するべきである。なぜか？　そうすると、自分に身の危険が及ぶからである。袋叩きに遭うからである。善人＝弱者は安全を求めるのだから、そんなことをするはずがない。それなら、黙るべきだ。

だが、こういう新型弱者も総合的に考えて狂人ではないようだし、とすると匿名で他人を貶《おとし》めることに夢中になっている行為を誇っているわけがない。いや、恥じているに違いない。

そういう精神の未発達を丸出しにする中学生並みの、正確に言い換えよう、「きわめて劣悪な中学生」並みの行為をあえてするものは、身体の芯《しん》まで恥じて当然なのだ。だから、せめて「それらを恥じないでおれるほど偉大であれ！」というニーチェの言葉は、すばらしく含蓄のあるものだ。そういう最弱者どもに向かって、きみたちは、疑いなく、それしかできないのだから、もっと自信を持って、その道を邁進《まいしん》してもらいたい、と心から願うのだから。

彼らは、もっと大らかな仕方で他人を攻撃すればいいのに、――残念なことに――「嫉妬と憎悪」の塊であることがすぐにわかる形でしか書き込みができず、それだけの知能と判断力しか持ち合わせていない。そして、――またもや残念なことに――、その文面からは、みずからの卑劣さを恥じていることがすぐわかるほど素朴であり単純であり「善良」なのである。

彼らはちょっと小指で突いただけで倒れてしまうほど弱い。こうしたやり方でしか「嫉妬と憎悪」を発散させることができないみずからの小ささを恥じて、全身震えている。最も純粋なバカでも操作できるメディアを使ってでしか自己を表現できないことを恥じて、身体中真っ赤になっている。まことに同情すべき（同情して骨抜きにするっきゃない）か弱い輩なのである。

ジャーナリズムが善人を指導してきた

もっとも、以上に大急ぎで次のことを付加する必要がある。

すなわち、大手のジャーナリズムこそ「嫉妬と憎悪」の撒《ま》き散らし方の先鞭《せんべん》をつけ、それを丁寧に大衆に教示し指導してきたのである。大手の新聞社や出版社は、それこそえげつないほどの口調で権力者や有名人を足蹴にし続ける。みずから「嫉妬と憎悪」を持たなくても、大衆のうちに「嫉妬と憎悪」の炎を燃え上がらせ、それを煽《あお》り立て掻《か》き立てるのだ。

腹黒いジャーナリストたちは、真っ赤な嘘と知りながら、「善良以外とりえのない弱者のみ正しい」という嘘ゲームを回転させ続け（停止しないよう気を配り）、「ほんとうのこと」がばれないように、たえず強烈な麻薬を大衆の身体に注入する。ただただ新聞や週刊誌がもっと売れるためである。テレビの視聴率がもっと上昇するためである。

東京拘置所から出てくる有名人を、薄笑いを浮かべてガムをくちゃくちゃ嚙《か》みながら待っているカメラマンたちのこの世のものとも思えないほど下品な顔、顔、顔。取材が終わったら、代わりに彼らがすべて拘置所に入ればいいんじゃないかといつも思う。

彼らは、ご主人様に仕える（ニーチェの言葉を使えば）単なる「猟犬」であり、自分たちの身分の低さを知っているから、「下品」に居直って思いっきり卑劣な仕方で「犯罪者」を待ち構えることができるのだ。

もちろん、ほんとうの「悪人」は隠れたところにいる。ジャーナリズムの表舞台では厚化粧をした軽薄なタレントたちがキャーキャー歓声をあげるファン（視聴者）の前で腰を振って踊っているだけだが、その裏ではこのすべてを企画したジャーナリズムの主導層がいる。彼らをニーチェは毒蜘蛛《ぐも》「タラントゥラ」と呼んで、激しい憎悪を向けているが、その詳細な生態はあと（四章）で触れることにする。

現代日本は、こうした毒蜘蛛タラントゥラどもと、それに扇動されて腰を振り続ける学者・評論家・タレント・コメンテーターども、それらを見ながら「自分の」意見を決める善良な市民＝蓄群ども、そしてそれらを軽蔑《けいべつ》するふりをしながら、横目で睨《にら》んで欲求不満と嫉妬に気も狂わんばかりの「地下生活者」だけから成っている。

誰も彼もが目立ちたい、有名になりたいと望み、儲《もう》けたいと望み、自分を表現したいと望み、これらすべてが叶《かな》えられなくても、せめて「自分らしい（？・）」生活をしたいと望む。そして、その結果、誰も彼もが互いに見分けがつかないほど同じことを語り、同じ行動をし、同じ人生を歩んでいるのだ。

さあ、これらの余計者たちを見よ！　彼らは努力して富を手に入れ、それによっていっそう貧し

くなる。彼らは権力を欲し、何よりもまず権力の鉄梃《かなてこ》たる多くの金《かね》を欲するのだ――これら無力な者たちは！

これらのすばしこいサルどもがよじ登るさまを見よ！　彼らは、互いに相手を乗り越えてよじ登り、こうして互いに泥と深みの中に引きずり込み合う。

彼らはみな玉座のもとへ向かおうと欲する。これこそ彼らの狂気だ、――まるで幸福が玉座に坐《すわ》っているかのように思っているのだ！　しばしば泥が玉座に坐っている――そして、しばしば玉座がまた泥の上に座を占めている。

（『ツァラトゥストラ』第一部「新しい偶像について」）

善人はすぐに騙される

善人はすぐに逃げる。逃げて逃げて逃げまくる。しかし、――悲惨なこと（涙が出るほど滑稽《こっけい》なこと？）なのだが――、それほど逃げ足の速い善人がころりと人に騙《だま》されるのである。悪徳商法に騙された会社社長や医者や官僚や大学教授という話を聞かない。騙されるのは、決まって年金生活者や手持ちの小銭をはたいた主婦など社会的弱者である。

なぜか？　社会的弱者は善人であるほかなく、だから救いようなく臆病《おくびょう》で警戒心が強いのだが、その反面、社会的人間関係（権力関係）の訓練を積んでこなかったからである。

彼らは人生において、意図的に人を騙すこともなく、意図的に人を出し抜くこともなく、意図的に人を裏切ることもない。いや、正確に言えば、身の安全を守るために意図的に卑劣なことは数え切れないほどしてきたくせに、都合よくそう思い込んでいる。彼らは「小さな幸福」を求めて人生の修羅場を避け続けてきたがゆえに、人間の壮大で悪魔的な心情を見る眼を養ってこなかったのだ。

それゆえ、他人がどんなに苦しもうとわれ関せずのままいられるが、他人を意図的に破滅に陥れることなど想像さえできないので、そういう魂胆で自分に近づいてくる人に対して社会的免疫がない。しかも、――いかにも侘《わび》しいことに――、金銭的成功に縁がなかったがゆえに、転がり込んだわずかの儲け話に眼が眩《くら》んでしまう。

つまり、善人は小さく狡《ずる》いからであり、小さく利己的だからである。壮大な悪徳には怖《お》じ気《け》づいて目もくれないであろうが、小さないじましい儲け話にはすぐに乗ってしまう。

しかも、善人は騙された自分をじつは穴があったら入りたいほど恥じながら――ますます手に負えないことに――自分の落ち度を強者に転嫁しようと企てる。しかも、自分と同じ「被害者」が増えれば増えるほど自信を持ってぬけぬけと言い放つ。

人を信頼できない社会、人を騙すような社会が悪いのであり、そういう悪徳を野放しにする社会を造った政治家、官僚、企業家、学者、評論家、ジャーナリスト、教員たち、つまり強者たちが悪いのである、と。

こうして、善人は、じつは自分がマヌケであることを骨の髄まで自覚していながら、そのマヌケぶりを一瞬も反省することがない。なぜなら、騙される人のほうが、騙す人より「(道徳的に)正しい」からである。自分はたしかにマヌケである。しかし、少なくとも他人に害を与えることはない。マヌケな自分はどこまでも正しいのだ(だから、また騙される)。

法律が、政党のマニフェストが、学者の書いた論文が「わからない」のは、自分(の頭)が悪いのではなく、それを書いた者(の思いやりのなさ)が悪いのだ。全世界の文書の作者は、理解力も判断力も皆無である自分にも「わかる」ように書かねばならない。そう書く義務があるのだ。なぜなら、何の知的努力もしない私にも「わかる」権利があるからである。

ふたたびオルテガ。

……今日の著述家は、自分が長年にわたって研究してきたテーマについて論文を書こうとしてペンをとるときには、そうした問題に一度も関心を持ったことのない凡庸な読者がもしその論文を読むとすれば、それは論文から何かを学ぼうという目的からではなく、じつはまったくその逆に、自分が持っている平俗な知識と一致しない場合に、その論文を断罪せんがために読むのだということを銘記すべきである。

(オルテガ、前掲書)

恐ろしいことに、善人は自分の無知・無教養を自覚しているのだが、けっして自罰的ではなく、どこまでも他罰的なのだ。表面的には「俺（私）はバカだから」と政策的に言うが、じつはその無知・無教養をまったく恥じていない。

しかも、知識ある者、教養ある者がちょっとでも彼らの無知・無教養を批判する言を吐くや否や、いきり立ち、ただではおかない。そういう「暴言」を吐く者に対して徹底的に自己批判を求めるのである。

彼らは自分の無知・無教養を一ミリも変えようとしない。それでいて、知識ある者・教養ある者が自分たちに「配慮する」ことばかり求めるのだから、彼らはいつまでたっても無知であり無教養であり続けるのだ。

「くそ真面目な精神」

善良な弱者は、もしうまくチャンスがめぐってきたら、自分も似たような悪事に走ったかもしれない、という自己批判的観点が完全に欠如しているほど自己観察眼が足りないアホである。

なぜ、彼らの体内では、このような批判眼が育たなかったのか？　それは、彼らがなるべくラクをして、しかもトクをして（ソンをしないで）生きようとしてきたからである。彼らが（たとえ犯罪に至らないにしても）いっさい悪いことをしないのは、「無難に生きる、安全に生きる」という大原則に反するからなのだ。

自分だってまかり間違ったら同じように悪いことをしたかもしれない、と想像さえしないのは、そう思うだけでも身の安全が脅かされるからである。

しかし、彼（女）はそうしながらも、じつは現実世界ではすべてがぐらぐらしてくることを漠然と感じている。だからこそ、それから目を逸《そ》らせるスキルを大いなる努力の末に手に入れたのだ。

サルトルはこうした人間のあり方を鋭く分析し記述している。善良な弱者は、じつは人間（自分）がいつの瞬間も「悪」を選べるという意味で根源的に自由であることを知っている。だが、それに身を委《ゆだ》ねたら、不安のあまり生きてはいけない。よって、彼（女）は時々刻々この不安を抹消しようと死に物狂いの努力をするのだ。

そのために彼（女）が取る手段は、自分の未来の行為はすでにおおよそ因果的に決まっていると思い込むことである。自分は確固とした良心や幾重もの良識に支えられているから、悪いことなどするわけがないではないか！

こうして、彼は時々刻々自分が悪を選びえないことを自分の耳に注ぎ込む。それは、悪を選ぶ可能性から「気を逸らせること（deparaire）」である。もちろん、彼はこのすべてを本当のところでは信じていない。彼は自己欺瞞《ぎまん》に陥っているのであり、すなわちみずからを自己欺瞞に陥らせているのである。

こういう人間をサルトルは「くそ真面目な精神（esprit de sérieux）」と呼んでいる。ほぼニーチェの言う「善人＝畜群」に当たるであろう。彼（女）は、「根源的自由」から眼を背け続け、常に決まり通りの生活をしようと心がけている。今日もまた会社に行くのは、会社に行くべきだからだ、今日もまた仕事が虚しくならないのは、自分の仕事は虚しいはずがないからだ。今日もまた家に帰るのは、家に帰るべきだからだ。

このすべてをよくよく考えて、実行しているわけではない。しかし、さしあたりこのすべてを変える必要はなく、他にこの規則を破ってでもしたいことがあるわけでもない。これだけで、彼（女）にはこのすべてをあと数十年間続ける充分な理由なのである。

なぜか？　彼（女）は「ひと」の選択することを選択しているだけ、「ひと」の望む幸福を実現しているだけ、「ひと」のしたくないことをしないだけだからである。「ひと」とは、ハイデガーの用語で〝das Man〟であり、それは誰でもない人であるとともにすべての人であり、「普通人」ないし「世人」であって、社会の保護色に身を隠すことのできる人であり、いかなることもわざわざ説明する必要のないような人である。

「くそ真面目な精神」は自分自身に向かって「なぜ今日も会社に行くのか、なぜ今日も家に帰るのか？」と問うことをやめた人である。なぜ、彼（女）は問わないのか？　勇気がないからである。問うてしまうと、自分が崩れるかもしれないから、そうすると社会で生きていけないかもしれないから、とにかくそっちの方向に滑っていかないように「気を逸らせること」が肝心なのだ。

こうして、「くそ真面目な精神」は、自己欺瞞の限りを尽くして、自分自身の欲望を、願望を、希望を見ようとしない。「気を逸らせること」に全精力を使って、人生を駆け抜けようとするのだ。

善人はけっして「没落」しない

弱者＝善人がいつも（いわゆる）品行方正とは限らない。時折、（いわゆる）デカダンに陥る善人もいる。その場合、じつにしたり顔に「悪ぶる」のが善人だ。自分を悪魔の化身のように語るが、じつは単なる「ダメ男」なのである。

ニーチェの提起する「没落（Untergang）」とは、デカダンに堕することではない。犯罪人になることでも、乞食《こじき》のように放浪することでもない。酒に溺《おぼ》れ女に溺れて身を持ち崩すことでもない。

これについて、ニーチェの辛辣《しんらつ》きわまりない言葉。

殺人者の手中に陥るほうが、発情した女の夢の中に陥るよりましではないか？　さあ、これらの男たちのありさまを見よ。彼らの眼はこう言っているのだ——自分たちは、この世のことで女と同衾《どうきん》することよりましなことは何も知らない、と。彼らの魂の底には泥がある。そればかりか、彼らの泥がさらに精神を持っているとは、災いなるかな！

（『ツァラトゥストラ』第一部「純潔について」）

ニーチェは言う。きみは、ただ酒を飲み、女を抱き、せいぜい軽犯罪に走っているだけではないか！　横目で品行方正な人間をせせら笑いながら、自分は泥まみれになっているから「偉い」と訴えたいだけではないか！　きみは、偉いどころか単なる「泥」である。「泥がさらに精神を持っている」とは悲惨なことである。その程度の「反逆」を勿体《もったい》らしく「思想」によってくるまないでもらいたい。その程度の「没落」で威張らないでもらいたい。

いかなる没落であろうと、そこに「誠意」があるかないかはすぐに見分けられる。没落的行為や没落的生き方がその社会で容認されている程度に応じて、没落には誠意がなくなる。誠意ある没落とは、江戸時代のキリシタンのように、戦前の共産主義者のように、身の危険のある没落、周囲の者に多大な禍《わざわい》をもたらす没落なのであるから。

　では、ニーチェにとって真性の「没落」とは何か？

　それは二千年以上にわたるユダヤ＝キリスト教的価値観から完全に自由になること。この世でおとなしくしていればあの世で報われるとか、弱い善良な者だけが天国に行けるとかの「おとぎ話」を捨てることである。肉体を軽視し、力を軽蔑し、干からびた精神の塊のように人生を送ろうとすることをやめることである。

　すでに述べたように、善人の進んでいく方向は決まっている。それは、自分が属する共同体の基本思想（現代日本なら、民主主義、基本的人権、平等、弱者保護、環境保護など）の示す方向である。こうした方向のみが上昇する方向であり、これに反対する者、これに無関心な者は下降しているのだ。

　こうして、善人はいつの時代でもどんな社会でも、「気を逸らすこと」によって社会的に「正しい」とされる以外の方向を認めない。いや、それればかりではない。「正しい」方向に進んでいかない者を見つけるや、ひっ捕らえ、唾を吐きかけ、鞭《むち》をなびかせて、調教しようとする。

野生のイヌ

それにしても、もともと善良な市民にしかなれない器量の者が、自分の能力を見誤って偉大なことを意図し挫折《ざせつ》すると、おうおうにしてきわめて悪質な無法者になる。

ふたたびニーチェの比喩《ひゆ》を用いれば、ラクダは何かの拍子にライオンになったとたん、もともとのライオンよりはるかに凶暴になる、ということである。

きみは、自由な高みへ登ろうとする。きみの魂はもろもろの星を渇望しているのだ。だが、きみの邪悪な諸衝動もまた自由を渇望している。きみの野生のイヌたちは自由の身になりたいと望んでいる。きみの精神がすべての牢獄《ろうごく》を解放しようと志すとき、それらのイヌたちは自分の穴蔵の中で欲望に駆られて吠《ほ》えるのだ。

（『ツァラトゥストラ』第一部「山の木について」）

権力を掌握する資格のない小人が権力を取ったときほど恐ろしいことはない。むき出しの欲望が異様に肥大して、あたかも貧民たちが米蔵を襲撃するように、平民たちが王侯貴族を次々にギロチンにかけるように、野生のイヌのように吼《ほ》え続け嚙み続けるのだ。

このことは、かつての高い希望を失って、ルサンチマンにまみれて生き続ける者たちも同様である。

ああ、私の知人に高貴な者たちがいたが、彼らはその最高の希望を失った。すると、彼らはすべての高い希望を中傷するようになった。そうなると、彼らは束の間の情欲のうちに厚顔な態度で生き、そして今日一日を越えて彼方に諸目標を投げかけることも、もうほとんどしなくなった。

「当然のことだ。精神は肉欲なんだから」——このように彼らは言った。そのとき、彼らの精神の翼は折れた。いまや、彼らは這《は》い回り、嚙みながら汚すのだ。かつて彼らは英雄になろうと思ったが、いまでは好色漢だ。彼らにとって英雄は怨恨《えんこん》と恐怖の種だ。

（『ツァラトゥストラ』第一部「山の木について」）

こういう「這い回り嚙みながら汚す好色漢」に成り下がった者どもは、やはりもともと英雄の器量のなかった者とみなすべきであろう。

そうならないための唯一の道は、現実に力を獲得することしかない。そして、強者とは、可能な強者ではなく、あくまでも現実の強者なのだ。現実に力を得ることによってのみ、彼の可能性もまた実証されるのである。

運命愛と偶然

「没落」と「運命愛」とは相互に連関している。

ニーチェの提唱する「運命愛（amor fati）」とは、とりたてて革新的なこと、奇抜なことではない。それは、まずすべては運命だから甘受しようというような消極的態度に基づくものではない。われわれを襲う偶然をどう受け止めるかにすべての鍵《かぎ》がある。

そのさい、最強者としておのれを証明するのは誰であろうか？　足るを知ることこのうえない者、いかなる極端な信仰箇条をも必要としない者、偶然や無意味の大部分を許すのみならず、愛する者、人間についてはその価値を相当割引きして考えることができるが、このことによって卑小になり弱化することのない者である。

すなわち、たいていの不運にも耐えうるまでに成長を遂げ、このゆえに不運をそれほど怖れることのない、健康に最も富む者——おのれの権力に確信を持ち、人間の達成された力を意識的に誇りながらそれを代表する人間。

（『権力への意志』）

普通、われわれが何ごとかを「偶然だ」と言いたいのは、それをみずからの人生計画を揺さぶるものとして恐れているからである。それは人生を狂わす「悪」なのであり、それを自分の責任の外に追いやりたいからである。まさに偶然とはアクシデント（事故）なのであり、私はそれに巻き込まれた純粋な被害者なのである。

こうした考えは、自由意志を認めることと対をなしている。私が自由意志によって引き起こした事柄にはしぶしぶ責任を持つが、それ以外はいっさい断じて責任を引き受けない。

この都合のいい責任の極小化は善人が大好きなものだ。善人はなるべく責任を取りたくない輩だからである。

善人はとくに偶然や事故や禍を忌み嫌う。自分ないし自分の身内が天災や人災に遭うと、「なぜ、この俺が！　なぜこの私が！」と泣き喚《わめ》く。何かの間違いではないか、と言いたげである。そして、嗚咽《おえつ》しながら「何の罪もないこの子に！」と告発（誰に対して？）は続く。

よくよく肝に銘じてもらいたい。天災や人災は、何の意味もなくただ起こるのだ。太陽が悪人をも照らすように、万有引力が善人をも落下させるように、どんなに「善い人」でも津波や地震で殺されるのであり、同じく車に轢《ひ》かれるのであり、路上で刺されるのである。酒酔い運転者は「悪い人」を選んで車をぶつけるわけではなく、刃物で通行人に斬りかかろうとする男は「善い人」を避けて刺すわけではない。

若者が殺されると、決まって「人生でしたいことがたくさんあったのに」あるいは「とてもいい人だったのに」という嘆きの声が漏れるのは不思議である。老人なら殺されてもいいのだろうか？　「悪い人」なら刺されても仕方ないのであろうか？　ふっとそう思ってしまう。

ニーチェは意志を錯覚として否定するとともに、善人にとって最も難しいこと、すなわち偶然を忌み嫌わないこと、恐れないことを提案する。事態をよく眺めればわかるように、自由意志と偶然とのあいだに画然と線が引かれるわけではない。

私は純粋な自由意志によって、ある人を罵倒したのではないだろう。個々の言葉を私がそのつど完全に自由に選んで発したわけではないであろう。といって、まったく偶然、彼の面前で私の口から自然現象のように罵詈《ばり》雑言が流れたのではないであろう。事実はその両者であり、しかも両者の持ち分はわからないのだ。

事柄によく眼を据えて自由意志と偶然という対置をやめてみると、いかに些細《ささい》な行為でもその「真の原因」は大いなる謎に包まれていること、言い換えれば、ほとんど無限の要因によって引き起こされたことがわかろう。

こうして、「運命愛」とは、わが身に降りかかってきたことと私が引き起こしたこととのあいだの差異が最小だということを自覚することである。わが身に降りかかってきた（ように見える）ことでも、何らかの仕方で私が関わっているのであり、私が引き起こした（ように見える）ことでもそれ以外の膨大な要因が関わっているのだ。

だが、ここに留まらない。運命愛とは、同時に「実践」の問題である。すなわち、以上の認識に加えて、真の原因がまったくわからないのなら、私が実現したすべての行為において、私以外の他の原因あるいは未知の原因を並べ立てて責任を回避するのではなく、「私が」みずから意志した（引き起こした）かのようにみなせ、ということである。

これは、まさに強者の倫理であり、その倫理の体現者が「超人」なのだ。

この倫理は奇妙な仕方でキリスト教の教義と重なり合う（まさにイエスは、すべての人の罪をみずから背負って十字架上で死んだのではないか）。

善人とは自分が犯した悪行に対してさえ責任を負いたくない卑怯者なのだから、対極に位置する「最強者（超人）」は、たとえ自分が意図的にいかなる悪行を犯さないとしても責任を負おうとする者でなければならない。ニーチェの言葉を借りると、前者が「蓄群道徳」であり、後者が「貴族道徳」である。

第三章　善人は嘘をつく

善人が嘘をつくのは必然的である

善人は優しい。自分も他人に対して優しいが、何より他人からも優しくしてもらいたい。善人が他人に対して優しいのは、自分が他人に優しくしてもらいたいからであり、他人に優しくしていれば自分が安全だからである。

「優しい」とは、誰でもわかりやすい形で優しいということであり、あくまでもその社会において容認される形で優しいということ。だから、老人には席を譲り、身体障害者には細心の注意を払って接するが、社会の掟《おきて》とずれる場合や優しくすると身の危険のあるところ、例えば痴漢犯人には優しくしない（庇《かば》わない）し、クラスの鼻つまみ者、いじめられっ子には優しくしない（優しくすると自分がいじめられるから）。

とりわけ、善人は強者が失策を犯しても優しくしないし、弱者を痛めつける者に優しくすることなどもってのほかである。善人は政治家や官僚や大企業経営者がどんなに窮地に追いやられても、彼らに優しくなく、また被差別者（身体障害者や女性）に対して差別的発言をする者、差別的態度をとる者に対しては断じて優しくない。

自分が安全だからという同じ動機で、善人は他人から反感を買うことをいっさい語らない。だが、真実が反感を買う場合もありうるから、善人は必然的にたえず嘘をつくことになる。

おお、これら善人どもときたら！　善人どもはけっして真理を語らない。精神にとっては、こういうふうに善であることは、一種の病気である。これら善人ども、彼らは譲歩し、忍従する。彼らの心は受け売りし、彼らの心底は聴従する。だが、聴従する者は自分自身の声には耳を傾けないのだ！

（『ツァラトゥストラ』第三部「新旧の諸板について」）

「善人は自分自身の本心に耳を傾けない」。なぜか？　自分自身の本心に耳を傾けると、そこには他人を傷つけ自分も傷つくことになる不穏な言語がうごめいていて、身の安泰を脅かされるからである。自分は弱いから、これらの首を絞めて抹殺するしかない、そして安泰に生き抜くためには嘘をつくしかない。

善人は、こうしてすべての人に対して反感を持たれないように細心の注意を払う。自分は弱いから、真実を語って身の危険を招き寄せる余裕はないのだ。自分は弱いから、自分を守るだけで精一杯なのである。こうした「論理」を高々と掲げながら、真実を足蹴《あしげ》にすることをものともせずに、その上に居直っているのが善人である。

とりわけ「善人」と自称する者たちこそ、最も有害なハエであることを私は知った。彼らはまったく無邪気に刺し、まったく無邪気に嘘をつくのだ。

（『ツァラトゥストラ』第三部「帰郷」）

善人は、こうした論理を振りかざして、いとも当然のごとく権力者に擦り寄り、いや大多数の側につき、ごく自然に二枚舌を使い、それでも身の危険を察知したら「知らない」の一点張りを押し通す。

善人は、たえず目立たず、周囲の色と同じ色すなわち「保護色」でありたい。そして、「おい、そこのお前！」と呼び止められる事態を徹底的に避けたい、面倒なことにはいっさい関わりたくないのである。

そして、それを批判する人を、不思議な動物でも見るように「まったく無邪気に刺す」のだ。大真面目な顔で「嘘も方便だから」とか「これですべてまるく収まりゃ、何も問題ないじゃないか」とか語る。そして、そうした態度を少しでも批判しようものなら、目を引きつらせて「霞《かすみ》を食って生きろって言うのか！」と怒鳴り出す。

この今日は賤民《せんみん》のものではないか？　だが、賤民は、何が大きく、何が小さいか、何がまっすぐで正直であるかを知らない。賤民には罪責のないことだが、賤民は曲がっているのだ、賤民は常に嘘をつくのだ。

（『ツァラトゥストラ』第四部「高等な人間について」）

善人は、こうして嘘を吐き散らすことに何の疑いも持たず、むしろ「よい」ことだと全身で確信しているのだから、始末に負えない。まさに、彼らは「曲がっている」。しかも、彼らは真実を語る人を激しく咎《とが》める。そして、「真実がそんなに大事なの（か）！」と叫ぶ。ああ、なんと弱く優しい善人は嘘が好きなのであろう。嘘をついても、片鱗《へんりん》も反省しないのであろう。

善人の大好きな「善意の嘘」

とくに善人は「善意の嘘」の常習犯である。相手を傷つけないために、相手を思いやって（と思い込みながら、じつは自分を守っているだけなのだが）、善人は膨大な嘘をつく。

カントは、すべての嘘を非難するが、とくに「善意の嘘」ほど人を腐らせるものはない、と言い切っている。『人間愛から嘘をつくという誤った権利について』（略して『嘘』論文と呼ばれる）という短い論文で、彼は、友人が悪漢から追われて私の家に逃げ込んだとき、追いついた悪漢から「奴はどこへ行った？」と聞かれても、「さっき裏口から逃げていった」という嘘をついてはならないと言う。

この妥当性については二〇〇年以上にわたって議論され、多くの解釈者はカントの「非常識な」問題提起に適当な変更を加えて解釈しているが、私は文字通り解するべきだと思う。嘘と友人の（生命を含んだ）安全とはまったく独立の事柄なのである。いかなる理由であろうと、嘘は嘘なのだ。

友人を助けるための善意の嘘に、なぜカントが一番警告を発したかと言うと、カントは目的の「善さ」（カントの言葉では「適法的行為」）によって嘘という「悪」（カントの言葉では「非適法的行為」）が正当化されてはならない、と信じているからである。

これに異様な感じを持つ人に問いたい。では、さらに友人を救うために、悪漢を殺すことは正当化されるのか？　もし、これを否定するなら、友人を救うために嘘をつくことも否定すべきなのではないか？　もし、友人を救うために悪漢を殺すことが正当化されないのなら、嘘をつくことも正当化されないのである。

金持ちから金を盗んで貧乏人に分け与える、という石川五《ご》右衛《え》門《もん》的倫理観に賛同する人はほとんどいないであろう。これもまた、いかなる理由であろうと、盗むことが正当化されないことを知っているからである。こういう場合は納得しながら、嘘の場合になるとたんに「寛大」になるのは、どうしたことであろう？

確かに、友人を救うために嘘をついた場合、さしあたり（普通の意味で）加害行為はないかもしれない。しかし、嘘をついた当人の心に「真実に反したことを語った」という取り返しのつかない汚点をつけたのだ。

では、どうすべきなのか？　カントはどんな場合でも嘘をつかないという機械仕掛けの社会的不適応者（これは恐ろしい！）を賞賛しているわけではない。

そうではなくて、友人の生命を救うことと真実を語ることという二つの相反する義務の衝突において、どちらを選んだにせよ、自分は義務違反を犯さざるをえないこと、どちらを選んだにせよ、激しく自分を責めるべきこと、そういう態度こそ「正しい」と信じているのだ。

だが、善人はこう考えない。平気で嘘をつき、足早に去っていく悪漢を眺めながら、隠れ場所からそっと出てきた友人と肩を叩《たた》き合って笑い転げるだけである。

善人の示す好意

善人はあたりかまわず「好意」を振り撒《ま》く。それは、じつは自分を守るためである。それはそれぞれの相手の価値観や人生観を研究しての好意ではなく、「すべての人に喜ばれる」つもりの好意であるから、粗っぽい押し付けがましい好意であり、「すべての人に喜ばれるに決まっている」という思いに基づく傲慢《ごうまん》至極な好意である。

だから、こういう好意を大切にする人は、自分の行為が無視されることに耐えがたく、他人にも同じ定型的行為を要求し、それに感謝しない人を激しく非難する。こうして、善人の好意は幾重もの暴力から成っている。

ニーチェは『人間的、あまりに人間的』の一節において、「他人の好意に対する不満」と題して、次のように言う。

われわれは自分にもわけのわからぬ好意に出くわすことがよくある、しかし、正体がわかると、それはわれわれの気を悪くさせる、それは人がわれわれのことを充分真剣には、充分重くは見ていないことを示しているからである。

私もまた他人から受ける「わけのわからぬ好意」に、はなはだ「気を悪くさせられる」。盲目的に慣習に従っている、ものを考えないその怠惰さが、私は嫌いである。

紋切り型の挨拶《あいさつ》、定型的なお礼、丁重な感謝に埋め尽くされた「好意」は、他人が私の個性を重んじてくれず、ただ慣習に従って、私を他人と一律に扱っていることを如実に示しているではないか！

年賀状を書いておけば、お詫《わ》びの手紙を入れておけば、お歳暮を贈っておけば、自分は安全な地帯にいられる、という功利的精神が見え見えではないか！

とくに企業（私に関係するところでは、出版社、眼鏡店、リフォーム会社など）からの膨大な年賀状（しかも、私の宛て名は紙を貼り付けただけのもの）は、ただ今年も「あなたを利用して儲《もう》けたい」という宣言だけではないか！　絵を買った画家や画廊あるいは音楽会社や劇場からの年賀状は「また買って（来て）ください」という要求だけではないか！

私はかなり怒りっぽい作家だが、たまたま編集者に仕事の不手際を訴えると、すぐに「申し訳ありません」という丁重なメールが届き、さらに「お詫びに伺います」と答える。とにかくそういう「誠意ある態度」を示しておけば、大丈夫、怒りが解けるだろうという功利的判断、つまり怒りが解けないと仕事がやりにくくなるという功利的判断からであろう。

私は、そういうからだに染み付いた功利的精神が不快なので、いつも「来なくて結構です」と断ることにしている。

ずっと前のことだが、私は勤務大学にもあらゆる出版社にも父の葬式も母の葬式も知らせなかった。だが、葬式が済んで何かの話の折にＰＨＰの編集者に「先週、母が死んだ」と言うと、すぐに一万円札入りの「御仏前」という封筒が届き、怒り心頭、「そういうことはしない、という本をPHPからこの前出したんじゃないですか！」と雷を落として、さっそく送り返した。私の言葉より世間的しきたりを重んずるその態度がイヤなのである。

接待は（一貫していないことに）ときたま受けるが、高級店に行くのは断る。三人で一万円以内の庶民的な店ならいい。しかし、私の新刊が売れないときは（あたりまえだと思うが）「出版祝い」も断る。また、中小出版社の場合、接待費など出ず、すべては編集者の個人もちであることを知っているので、もちろん割り勘にする。

そして、これほどきめ細かく「誠実に」対処しているのに、私はいつの間にか業界できわめて「変わった人」になってしまった（実際「変わっている」のだから、仕方ないか！）。一般論に戻る。善人は「善意から」と呟《つぶや》きながらも、その好意はけっして無償ではなく、相手から自分たちの望んでいる通りの「見返り」を求める。だから、私にはその表面的な謝礼の言葉、恐縮した物腰、誠意ある態度がますますもって不潔な感じがするのである。

善人は相手におもねる文章を書く

善人の生態を知るために、善人と文章との関係を論じてみよう。ある種の善人の書く文章は、私にはきわめて不快である。最近、私の身の周辺に起こった事例をいくつか挙げてみる。

その一つは、ある受験問題集用に大学試験問題になった私の文章を二次利用することに関して。毎回「承諾」の依頼があり、毎回その通知をするのだが、私はこの場合でも、定型化・因習化が大嫌いである。

いかに、いままでずっと承諾してきたといっても、「私が」承諾することが条件になっているのに、だんだんそれを当然視するような態度を相手に認めると、反抗したくなる。

昨年春に、業界では有名な受験問題出版社（K社）とのあいだに摩擦が生じた。

私はそのころ大学を辞め、これまでの人生を振り返り、これからの人生の先行きも不安で、血の滲《にじ》むような思いで哲学をしていない自分に嫌悪を覚えるようになっていた。いや、いつも覚えているのだけれど、とりわけその感情が強くなっていた。

大学も辞めたし、ついでにすべての学会とも手を切った。本当に、あとは死ぬだけだ。本腰で人生の整理をしなければならない。まだ、自分が本当に思索した本は書いていない。いや、本当に思索すらしていない。二〇歳のころ、哲学をしなければ死んでしまう、と叫んだあの気持ちはどこに行ってしまったのだろう？　一体、このまま人生を終わっていいものだろうか？

こう考えていって、何もかもイヤになっていたときに、K社から入試問題に出たものを改めてK社発行の受験問題誌に掲載していいかという依頼が届いた。そんな心理状態だから、私はしばらくうっちゃっておいた。考えてみれば私が承諾する義務はないのだから。しかし、K社からはファックスでもいいからすぐに承諾をいただきたいという要求。私はその丁重な文面の背後に隠れた高圧的・因習的・実利的要求に憤慨し、「今回は断ります」という返事を書いた。

すると、担当者に代わって責任者（Kさん）が出てきて、「（私の）問題文が掲載されない影響は想像以上のものがございます。受験生より小社宛てに多数の問い合わせが届くことは目に見えています」とのこと。

瞬間的に嫌悪感がからだ中に走る。これ、ウソではなかろうか？　単なる商売上の言い訳ではなかろうか？　そう確信し、Kさんに次のような返事をメールでしたためた。

今回のことは、私の信念に触れることですので、慎重にお応《こた》えしなければなりません。

（中略）

貴社のみならず、自分の文章を若い人が「解く」のは、なんだか気が進まなくなったのです。とはいえ、多分（そうでなかったらごめんなさい）、そちらとしては、ぐだぐだした理由付けはもういいから、とにかく「許諾」の回答をもらいたい、というところがホンネだと思います。そういう態度が見え見えのとき、私は絶対譲ってはならないという気持ちになるのです。そして、こうした「わがまま」を糧にもう少し書いていけるかなあと思うのです。ですから、少なくとも今年は「不許可」にします。

このメールに対して、Kさんは「わかりました」と納得してくれた。だが、これで終わったわけではなく、世間とのズレはまだまだ続く。私はちょっとわがままますぎたかなとも思い歩み寄って、「来年からは承諾してもいい」との便りのついでに次のように書いた。

私も本当にもうじき死んでしまうのですから、あせっているのでしょうね。「死」を解決しようとして哲学にのめりこんだのに、何の成果もないまま死んでしまうのかもしれない……という恐れに首筋をつかまれている毎日です。

すると、Kさんからすぐに「もうじきとは、何か『根拠』があるのでしょうか」との質問に唖然《あぜん》。腹の底からアホらしくなって、次のようなメールを出した。

あなたのメール、久しぶりで「笑い」ました。そして、「泣きたく」なりました。「もうじき死ぬ」と六歳のころから考えてきたことは、さまざまな拙著で繰り返し言ってきたことではないですか！
　それなのに（たぶんご存知なのに）、いざ「具体的な行為」に出ると、末期癌か何かの「根拠」を挙げなければ納得できないというのですから。笑いたくなると同時に悲しくもなります。「根拠」は、すべての人間は明日死ぬかも知れず、また生まれてからせいぜい百年で死ぬということです。

　まあ、Kさんに特別の落ち度はないのだけれど。

善人はバカ丁寧な文章を書く

　これも受験問題に関することだが、私が掲載を「承諾」したことに対して次のような超丁寧な葉書を受け取り、これは言うしかないと彼女の懐めがけて手榴弾《しゅりゅうだん》を投じた。以下、二つの葉書を並べて紹介しよう。なお、相手の葉書は会社の形式的文書だから、転載は許されるであろう（と勝手に解釈する）。

　謹啓　晩秋の候
中島先生におかれましては、ますますご健勝のこととお慶び申し上げます。この度は小社教材への御作品の掲載につきまして、格別のご高配を賜り誠に有難う御座います。本来であれば拝眉の上、お願い申し上げるところ、不躾ながら書面にてお願い申し上げ、誠に失礼いたしました。それにもかかわらずご快諾賜り、誠に有難うございました。

お送りいただきました許諾書は確かに拝受いたしました。心より感謝申し上げますとともに、今後ともよろしくお願い申し上げます。

謹白

先日、いただきました葉書の文面がとても不快でしたので、ご説明したくお手紙を差し上げます。葉書を同封いたしますが、傍線のところは必要ない単なる社交辞令ではありませんか？　私の本をどのくらい読まれているかわかりませんが、私の批判的見解の一つが、日本を覆っているこうした「儀礼的言語」なのです。こうした表現は丁寧そうに見えて、じつは相手を最も軽視するものだと思います。文面は既に決まっており、その最初に「中島先生」と入れればいいだけなのですから。

あなたは、果たしてこれを丹念に読まれたのでしょうか？　それさえ疑問です。「本来であれば拝眉の上お願い申し上げるところ」と書かれていますので、本当にそう思われるなら、ぜひ私に会いに来てください。そして、来られないなら、これは単なる言葉であって、その気はまるでないとお認め下さい。そういうことに関して、自責の念がまったく起こらないのか、お尋ねします。

後日談。まもなく彼女から「気がつきませんで……」という丁寧なお詫びの言葉を頂いた。「今後、私にだけは会社の定式的文書を使わないように」と頼んで、これからも私の文章の掲載を承諾することを約束した。

こういきさつをたどってみると、彼女のほうが謙虚で、私がきわめて傲慢に見えてしまうのだから、不思議である（不思議じゃないか）。

それにしても、原稿依頼の手紙も総じて、丁寧すぎていやらしい。ほとんどゴミのような原稿であることはわかっているのに（?）、「ご高配」とか「玉稿」とか、背筋の寒くなるような言葉をちりばめて、自己嫌悪を覚えないのだろうか？　とりわけ、時々依頼を断ると、「先生のお原稿がないと今回の企画が成り立ちません」という返事など来ると、「では、どの人の原稿なら、なくても成り立つのですか？」と聞いてみたくなる。

確かに「お断りします」と書いたところ、すぐ翌日に「承知しました」という返事が来たら、大多数の作家は傷つくであろうが（私は傷つかないけれど）。

善人はすぐ無礼な態度をとる

とはいえ、私との関係が「深く」なると、虚飾を嫌う私に擦り寄って、今度は無闇やたらに私に対して批判的、いや攻撃的になる者もいる。これも、日ごろ抑圧されているので、頭上の重い石が取り除かれた瞬間に何かと思われるほど傲慢になる善人＝弱者の浅はかさ。

具体例は数限りなく見てきた。私が儀礼的言語が大嫌いと言うと、粗暴きわまりない言語が好きだとでも思っているのだろうか？　私を罵倒《ばとう》しせせら笑う態度を取れば、私が喜ぶとでも思っているのだろうか？

「塾生」を始め、若い者ならまだ許せる。だが、四〇を過ぎた大の大人が、しかも専門の編集者や記者が、こうした単細胞生物的態度を取るのだから、ただただ呆《あき》れてしまう。

一〇年ほど前だったか、いままで私の熱烈なファンだった（らしい）大手出版社の女性編集者（Mさん）が、私の新刊書を一読して、「こんなもの、金を払って読む価値はない」というファックスを寄こした。

そして、長々と「全部どこかで聞いたような文章ばかり、これではもうダメです」という言葉が続いている。私にいいものを書いてもらおうとの彼女の熱意が、彼女に「ほんとうのこと」を言う勇気を与えたのであろう。

そんなことはわかっている。そして、Mさんの言うことが「正しい」ことすらわかっている。しかし、それでも私は憤慨した。彼女の言葉の裏に、私はホンネを、自分が作家を素材にしていい仕事をしたいというストレートな欲望、逆に言えば、まずい原稿をもらったら自分（の立場）が悪くなるという保身のようなものを感じたからである。

そこで、私は「そんなにダメ作家とお考えなら、私の担当をしなければいいのではないですか？」という返事を書いて、Mさんとの関係を一方的に切った。

あとで、そんなつもりではなかっただの、いい物を書いたもらいたい一心からだったの、ぐだぐだ言い訳のファックスを受け取ったが、私は意に介さなかった。

もう一つ、これは京都の中堅出版社だが、その編集者（Tさん）は私が大手の出版社と仕事をすることが不満らしく、折に触れて大手に対する恨みのようなことを書いてくる。いつも新刊の拙著を贈呈していたが、その「お礼」のファックスには（当時、連絡手段は主にファックスだった）必ず「中島さんの意図はなかなか読者の共感は呼ばない」だの「切り込みが足りない」だの、何らかの批判めいた文章が添えてある。

こちらも、「そうですね」とあえて反対しないでいると、「批判めいた文章」は次第に加速度的に過激になり、「こりゃ、ダメだと思いました。こんなの書いてたら、読者はどんどん逃げてしまう。先細りになります」というような親切な忠告へと変身していった。

そして、次第に何かと思われる下品な厭味《いやみ》が混じるようになる。例えば、「中島さんが死んだら、全国の書店の書棚からあっという間に中島さんの本は消えるでしょう」という予告をしてきたが、それは私にとって願ってもないことである。すると、さらに「どうも、何を読んでもきれいごとばかり、哲学をしているという感じがしない……。初めおもしろいところに付箋《ふせん》をつけましたが、二度目に読むと何の見るべきものもないと思ってすべて取り外しました……」

このあたりから、私はTさんに警戒し始めた。その裏にある本物のルサンチマン（怨念《おんねん》）を感じ、それを増長させると（Tさん自身にとっても）危険だと察知したのである。これはもうTさんの心に宿った「悪霊」であって、「征伐」するしかない。

そのチャンスはほどなく訪れた。私が「哲学塾」を開設したと連絡すると、「哲学の底辺を広げる試みは嬉《うれ》しく思います」だの「中島さんは哲学の落ちこぼれを救う才能がありますね」だのネゴトばかり。ええい、純粋バカめと、次のようなメールを送った。

あなたは、自分がエリートではないのに、東大卒や京大卒の学者たちエリートと交際し、エリートを操って自己満足しているだけです。その底には、エリート（一流）に対する恨みつらみがあると思います。私は「哲学塾」を「底辺を広げるため」あるいは「落ちこぼれを救うため」に開設したのではありません。日本で最高の哲学をする場所として開いたのです。もし私が「Tさんは岩波や講談社では書けない落ちこぼれを救っているんですね」とか「貴出版社が出版界の底辺を拡大する努力を嬉しく思います」と言ったらどうでしょう?

予想通り、Tさんからの返事はなく、(幸い)それきり彼との関係は途絶えた次第である。というように、私の書いたものは大して売れもしないし、書評も出ないし、評価もされていないのに、作家に対する編集者特有の劣等感に裏打ちされた優越感(支配欲)、あるいは「商売」を前面に出す編集者とは必ずぶつかる。

私は私の書くものが好きで読みたいという編集者、そして、結果として売れたり評判になったりしたら嬉しい、という「心のきれいな」編集者としか長く付き合えないのである。

つまり、私は心底(どうしても「負け惜しみ」に聞こえてしまうが)、自分の本は売れなくてもいい、評判がよくなくてもいい、と思っている。だが、自分なりに「いいもの」を書きたいと思っている。それだけである。編集者には職人度と商人度が混じっていて、この言葉を使うと、私は商人度が五割を超える編集者とはうまくいかないのだ。

善人はすぐ弱い者いじめをする

ついでに思い出話をひとくさり。駆け出しのころ付き合った何人かの編集者の態度を想い起こすと、いまだに怒りに囚《とら》われる。

私の（一般書の）最初の著作は中央公論社（現中央公論新社）から刊行された『ウィーン愛憎』であったが、担当のHさんの態度は最初から最後まで一貫して「あなたの本を中公新書で出してやるのだ、ありがたく思え」という態度であった（ように思う）。

当時は、私が京橋にある中央公論社の本社に出向き、「遅くなってすみません」「ああ、いいよ」という具合に、私が敬語を使いHさんは「くだけた」言葉を使ったのである。

いまでも鮮明に憶《おぼ》えているが、一九八九年一月、まさに昭和天皇の棺《ひつぎ》が皇居から出ていく光景をテレビで見ながら、懸命に最後の原稿をワープロで印刷していた。そして、一ヵ月くらいしてからゲラが出たとき、Hさんはそれをぱらぱらめくりながら、「これ、たっぷり時間かけて思いっきり直していいよ。いつ出るか決まっていないんだから」と目を伏せて言った。つまり、この本は中公新書の予定に欠損が出たときの「補欠」だというわけである。

二ヵ月後、Hさんの言葉どおりにかなり直して持っていったが、「ずいぶん直してくれましたねえ。原稿は直せば直すほど悪くなる場合もあるんだ」とのこと。

そういうやり取りが続き、思いがけずに早く（？）翌年（一九九〇年）一月に出ることになった。そのときも、Hさんが画いた地図の一箇所が見えにくいとクレームを付けると「何か文句あるの？」という口調、私の中にだんだん不満が溜《た》まっていった。

そして、いざ刊行されると、「うれしくないですか？」と何度も確認する。私のような駆け出しに天下の中公新書を書かせてやったのだという不遜《ふそん》な態度はますます高じてくる。Hさんは私より五歳くらい年上らしかったが、それでも私はすでに四三歳であった。

そして、まもなくして二刷がかかると、その電話は「世の中、不思議なことが起こるものだねえ。増刷ですよ」という具合である。たしかに、Hさんはどの作家も呼び捨てにし、さらに独特の皮肉を込めた言い方をした。「Iはバカだから放っておきなさい」とか「二刷を知らせると、Mの奥さんキャアキャア喜んでいた」という具合に。私はそれを聞いて「下品」だと思った。

こういう人とはいつか決裂する。三刷のとき、Hさんは私の手紙をよく読まず、私が指定した箇所が訂正されていなかった。それを電話で伝えると、きわめて不機嫌な口調で「あなたはぼくが間違ったと言いたいの？」と言うので、「ええ、そう考えざるをえません」とはっきり答えてから、――どういう話の繋《つな》がりか忘れたが――「西尾先生、最近おからだの調子がよくないのです」と言い出すと「きみねえ（このとき「あなた」は「きみ」に変わる）、きみに言われなくても西尾さんのことはもうよく知っているんだよ」との返答、私は電話を切ったあとどうしても釈然としないので、もう中央公論社との関係は絶ってもいいと思い、

Hさんに次のような手紙を書いた（記憶により再現したもの）。

先日はきわめて不快な思いをしました。たしかに、Hさんは優秀なベテラン編集者で、私は駆け出しの作家です。しかし、お互いに「言葉」に命を懸けている人間のはずです。Hさんは私の訂正ミスをも認められず、西尾先生のことに対して「きみのようなザコに聞かなくても有名な西尾先生のことなどもうとっくに耳に入っているよ。きみが西尾さんと特別の関係があるなどと勘違いしなさんな！」とでもいう態度でした。これは作家に対して大変失礼なもの言いではないでしょうか？　私に思い違いもあるかとも思いますが、Hさんを尊敬していることに変わりはありません。お返事いただければうれしく思います。

Hさんから返事はなかった。そして、その後中央公論社との仲も破綻《はたん》しなかった。思うに、多くの駆け出しの作家が、こんなものとは比較にならないほど編集者に「いじめられて」いることであろう。しかし、その後こんな私に対しても、這《は》いつくばるような編集者を多く見るようになって、私は編集者の中に見られる「差別意識」を忌み嫌うようになった。先に出した比喩《ひゆ》を使えば、大作家に「仰向《あおむ》けになるイヌ」になる編集者ほど、駆け出しの作家には「仰向けになるイヌ」を要求する。これは、たいそう卑劣なことである。

善人は誠実でありたいと願う

いつの間にかずいぶんニーチェから逸《そ》れていったので、このあたりで軌道を元に戻すことにしよう。

さて、——これもじつに驚くべきことに——、こうした弱者＝善人は、全身で「誠実」を求めるのである。

> 畜群の、あらゆる集団の内部では、したがって同類のもののあいだでは誠実性が過分の評価を受けるのは、それ相応の意味がある。欺かれてはならない——したがって、人格道徳としては、おのれも欺かない！　同類の者のあいだでの相互の義務！　外に向かっては、危険や用心が欺瞞に気をつけよと要望するが、そのための心理学的先決条件として、内にもこの要望が起こる。誠実性の源泉としての不信。
>
> （『権力への意志』）

おわかりだろうか？　善人の要求する誠実性とは弱い自分たち仲間内だけで通用する誠実

性、弱者の特権を信じる人にだけ通じる誠実性なのだ。だから、彼らはこの「弱者の原則」を破るものに対しては誠実性をかなぐり捨てる。

そして、彼らを信じないように、彼らに騙《だま》されないように、欺かれないように、全身で警戒する。それればかりか、全身でそう警戒するようにすべての仲間に耳打ちする。

つまり、善人の誠実性とは、強者のゆったりした誠実性ではなく、眼をうろうろさせ、たえず不安におののいている誠実性なのだ。

さらに探ってみると、その誠実性は勇気のない誠実性であり、思慮を欠いた誠実性である。彼は他人に対してなるべく誠実に接したいと願う。ごく自然に困っている人を助けたいと願う。ごく自然に不正に対して憤りを持ち、ごく自然に証言台では真実を語りたいと願う。

だが、彼は、――カントが鮮やかに示したように――誠実性と幸福とが相容《あいい》れないことを知らない。彼らは幸福を第一にする人種であるから、自他の幸福と一致する限りでしか、誠実性を求めない。ということは、自他の幸福と誠実さが一致するような土壌でしか誠実でないということだ。

それはどういう土壌か？　弱く正しい、すなわち弱いゆえに正しい人々が同じように考え同じように感じる土壌、同類だけからなる土壌である。こうして、干からびた人工肥料をふんだんに注いだ土壌で、彼らはひたすら自己欺瞞《ぎまん》の街道を突っ走る。

彼は社会の掟・習慣・礼儀に反しない限りで「誠実であろう」とする。ということは、その誠実とは、いつも与えられた社会の掟・習慣・礼儀の枠内にあるということだ。その外を垣間《かいま》見るだに恐ろしく、その外に出る者を厳しく断罪し、迫害し、殺す、そういう「誠実さ」つまりちっとも本来の意味で誠実ではないのである。

〈誠実〉とは何かという問題について、おそらくいまだ何人も充分に誠実であったことはない。

（『善悪の彼岸』）

さらに、ニーチェはキリスト教の「誠実であれ」という教えこそが、キリスト教の崩壊につながったと言う。

しかし、道徳を育て上げた諸力のうちには、誠実性があった。このものがついには道徳に反抗し、その目的論を、その私心ある考察を暴き出し——そしていまやわが身から振り捨てようにも振り捨てることのできない長期にわたる血肉化されたこの欺瞞を見抜く洞察が、刺戟剤としてはたらくのである。

（『権力への意志』）

キリスト教道徳が「誠実さ」を人々の心のうちに植え付けたがゆえに、まさに人々は誠実性を要求するあまり、キリスト教の非誠実性＝嘘を見破るに至った。これは、慧眼《けいがん》と言うべきであろう。どんなに聖職者どもが嘘で固めたお説教を大衆の身体に叩き込もうと、愚かな大衆でさえいずれその「嘘」を嗅《か》ぎ分ける。キリスト教はいずれ崩壊する内部構造をもともと持っていたのである。

嘘をつく勇気さえない者

とはいえ、ただ「嘘をつかない」からといって、優れた人間であるわけではない。これに関して、ニーチェはきわめて辛辣《しんらつ》に学者（とくに文献学者）を批判する。

こういう連中〔学者たち〕は嘘をつかないことを自慢にしている。しかし、嘘をつく力がないということは、まだ到底、真理への愛とは言えないのだ。用心せよ！　熱病からの自由は、まだ到底、認識とは言えないのだ！　冷え切った精神の持ち主たちの言うことなんか、私は信用しない。嘘をつくことのできない者は、真理の何たるかを知らない。

そなたたちが高く登っていきたいのなら、そなたたち自身の足を用いよ！　人に運び上げてもら

うな、他人の背や頭に乗るな！

（『ツァラトゥストラ』第四部「高等な人間について」）

学者批判は、『哲学者の書』に集中的に収められているが、『ツァラトゥストラ』の中で、その一部が息を吹き返している感じである。ニーチェは、二四歳で（一八六八年）バーゼル大学の教授に大抜擢《ばってき》されたが、就任から三年を経た『悲劇の誕生』（一八七二年）の出版によって、同僚や学会からの総スカンを食らった。

この「最初のショック」によって、極度に反抗的で逆説的な相貌《そうぼう》を見せながら、じつのところ異様にストレートで「すなおな」彼の物の見方（人生観・人間観・哲学観）の礎石が形づくられた、と見ていいであろう。

ニーチェは、根が単純な男である。この期間、自分を排斥した周囲の学者たちの生態を思う存分観察し、強烈な学者批判を育て上げていった。

彼は、自分の独創的な研究を一蹴《いっしゅう》しながら、月並みなギリシャ賛歌と凡庸で非個性的な研究に終始している文献学者が憎くてたまらない。その用心深さ、石橋を叩いて渡るその堅実な実証的精神を叩きのめしたい。彼らはけっして「熱病」にとりつかれない。たんたんと学問の法則に従って、危なげのない結論を導き出していく。

そういう彼らにとって、高い山に登るには、さまざまなギリシャ悲劇作家たち、ギリシャ哲学者たち、そしてそれらを研究する大家たちの「背や頭」に乗って研究の山をこつこつよじ登るほかはない。ほとんどの行程を他人によって「運び上げられて」いくのであり、（若きニーチェのように）「自身の足」を使って登る者を蹴《け》飛ばすのだ。

学者は、こうして嘘をつかないことだけを後生大事にして、一握りの専門家集団のうちで評価されることだけを求めて地味な一生を終える。「嘘をつかない」のは、彼が誠実だからではない、ただ創造的な能力がなく、嘘をつく勇気すらないからなのである。

女はすぐ嘘をつく

嘘といえばすぐに「女」の顔が浮かぶ。『善悪の彼岸』第七章、二三二節から二三九節にかけて、ニーチェは女性蔑視《べつし》の言葉を次々に吐き出す。

さもあれ、女は真理を欲しない。女にとって、真理など問題ではない！　女にとっては、初めから真理ほど疎ましい、厭《いと》わしい、憎らしいものは一つとしてない。——女の最大の技巧は嘘をつくことであり、その至上の関心事は見せかけと美である。

この文章の背後に隠れているもの、それは、女という生物に固有の「弱さ」である（それはとりもなおさず「強さ」なのだが）。

生物学的に見て女はやはり受け身であり、受胎したら九ヵ月間胎児に拘束され、出産後も三年間は母子ともに強者によって保護されねばならない。配偶者（その子の精子提供者、すなわち父親）が誰でもいいはずがなく、母子を次世代にわたって保護する能力のある男でなければならない。

この至上命令の前では、真理などどうでもいい。真理ゆえに不幸になる場合、女はいともたやすく真理を投げ捨てる。よい精子の提供者に出会い、受胎し、彼に保護されて生きるためには、見せかけのほうが真理よりも数段重要だからである。

女は他の女に対して厳しい。一見すると、人類の男は受胎させる女をめぐって闘っているようだが、それは太陽のもとの明るい戦いであり、強い男を得るための女同士の戦いははるかに陰惨で過酷である。そこにはありとあらゆる仕掛けが、トリックが、罠《わな》がある。

女は他の女の美点（魅力）を認めたがらない。すべての女は、他の女を通じて女の愚かしさを自認している。女は男に負けてもなんともないが、他の女に負けることは断じて許せない。

最後に私はこう問うとしよう、――かつて女みずからが、女の頭に深さがあり女の心に正しさがあると認めたことがあったろうか？　また大体において、これまで女というものを最も軽蔑したのは女自身であって、――けっしてわれわれ男ではなかった、というのが真実ではないだろうか？

（『善悪の彼岸』）

女のところへ行くには鞭を持っていけ！

ニーチェによれば、女とは結婚して子供を産むという「唯一の目的」のために生き、そのために男を利用する者である。もっとはっきり言えば、女はセックスという「唯一の目的」のために男を利用する者である。

女におけるいっさいは謎であり、そして女におけるいっさいは一つの解決を持つ。それはつまり妊娠だ。男は女にとって一つの手段である。目的は常に子供なのだ。

（『ツァラトゥストラ』第一部「老若の女どもについて」）

こうニーチェが言い切ってしまうには「裏」がありそうである。それは何であろうか？

ゆっくり探ることにしよう。まず、同じ『ツァラトゥストラ』には、次の有名な台詞《せりふ》が登場してくる箇所がある。

「女よ、私にそなたの小さな真理を教えよ！」と私は言った。すると老婆は次のように語った。
「そなたは女たちのところへ行くのか？　鞭《むち》を持参するのを忘れるな！」

（『ツァラトゥストラ』第一部「老若の女どもについて」）

これに関しては、さまざまに解釈されうるが、そのうち最も単純なものは、動物と同様、女は言葉ではなく鞭をもってからだに言い聞かせなければわからない、という教訓であろう。一応その通りではあるが、奥はもっと深いようである。

ここで、この言葉がツァラトゥストラによってではなく「老婆」によって発せられたことに注意しなければならない。老婆とはもはや女の唯一の目標である妊娠能力のない者であり、だからこそ、ツァラトゥストラは彼女に警戒せず彼女と忌憚《きたん》なく話すことができるのだ。しかも、「かつての女」であるから、女のことはよく知っている。

山羊《やぎ》や羊に鞭を使う者はいない。鞭は猛獣の飼育に使う。それが猛獣には効果的だからである。女は猛獣のようなものである。それ自体、手に負えないほど獰猛《どうもう》であるが、男が鞭という巧みな「力」をもってうまく調教すれば、いくらでも従えることができるのだ。

女はいかなる男の愛情をもってしても知力をもってしても支配できないであろう。といって、猛獣のような男の強さだけで支配することもできないであろう。女を支配するには、巧みな「鞭さばき」が必要なのだ。あるところで痛い目にあわせ、あるところでそれを逃れる道を叩き込み、全体としてとても逃げられないと思わせることが必要なのだ。最高の鞭使い、それは鞭をただ床に叩きつけるだけで猛獣を震え上がらせる者である。

ニーチェが提案して、彼とパウル・レーとルー・ザロメの三人が撮られている写真が残っている。その写真の中でルー・ザロメは鞭を手にしているのだ！　ヨアヒム・ケーラーは一八七〇年に出版されたザッヘル・マゾッホの『毛皮を着たヴィーナス』をニーチェは読んだのではないか、と推察している。なんとなくそう感じるのだが、ニーチェには（少なくとも精神的に）ルー・ザロメやコジマのような強い女に鞭打たれたいと欲望しているような気配がある。

女は鞭を手にして男を調教しようと待ち構えている。ならば、われら男も逆に女を調教するために鞭を携えて女のところに行かねばならない……ということなのであろうか？

だが、老婆の言葉を想い起こそう。これは「小さな真理」なのだ。

では、「大きな真理」とは何か？　定かではない（ニーチェにこの言葉はない）が、たとえ用意周到、最高の鞭使いをもって女に対しても、それでも男は女によって釣り上げられ食い物にされてしまうことなのかもしれない。

ルー・ザロメ

『ツァラトゥストラ』第一部を書く直前、ニーチェは痛々しい失恋を味わった。（以下、主にルー・ザロメ『ルー・ザロメ回想録』山本尤《ゆう》訳、ミネルヴァ書房およびエルンスト・プファイファー『ニーチェ・レー・ルー』眞田収一郎《さなだしゅういちろう》訳、未知谷《みちたに》による）

ニーチェ三八歳のとき、友人のパウル・レー（三二歳）とその恋人ルー・ザロメ（二一歳）と三人で同居を始めたころのことである（同居はニーチェが言い出した）。

ニーチェは、はじめから美貌《びぼう》で才媛《さいえん》のロシア貴族ルー・ザロメに惹《ひ》かれていた。しかし、彼女はレーにぞっこんだった。それを知らずニーチェは彼女に結婚を申し込む。残酷なことに、ルー・ザロメはレーに「どうしよう？」と相談を持ちかけ、レーは「結婚したら父の遺産が入らないから、と断ればいい」とまで教える。

ニーチェが事の真相をどこまで知っていたかは不明だが、よりによって無二の親友に結婚相手（と勝手に思っていた女）を取られてしまったのであるから、しかも二人が愛し合っていたことに、すぐ近くにいたニーチェはまったく気づかなかったのであるから、凄《すさ》まじく屈辱的である。

すぐに三人の共同生活にはピリオドが打たれた。しかし、これほどの屈辱を受けても、ニーチェはレーにもルー・ザロメにも目立った抗議をしない。むしろ、ルー・ザロメにはなお未練があったようで、その後も二人のあとを追って会いにいき、彼女の気が変わることを期待する幾通もの書簡が残されている。

だが、もちろん彼女はニーチェを無視し、そのことに対して何の自責の念も覚えなかった。やがてレーをも捨てて（レーは自殺する）、さらにリルケに、フロイトへと飛び移っていく。ニーチェが相手にできるような女ではないのである。

まもなく四〇歳になろうとするニーチェは、ますます孤立感を深め、三年後には完全な狂気に陥ってしまった。

『ツァラトゥストラ』第二部「舞踏歌」はとりわけ読みにくいところであるが、女に翻弄《ほんろう》される男のありさまが描かれている。

知恵はその目、その笑いを、そればかりか、その金の小さな釣竿《つりざお》を持っている。両人〔女と知恵〕が互いにかくも似ていることを、私にどうすることができようか？（中略）彼女は美しいのだろうか？　私は何を知ろう！　しかし、最も年老いたコイたちでも知恵という餌によってお

びき寄せられる。

「金の釣竿」とはルー・ザロメにほかならない。「知恵」と「女」という二重性をもって誘惑するルー・ザロメによって、ニーチェという「鯉」は釣り上げられてしまったのだ。

「第三部」の「〔15〕第二の舞踏歌」に至ると、ルー・ザロメの面影はさらに鮮明になる。そして、これにドン・ホセを誘惑するカルメンのイメージが重なり合う。きわめてわかりやすいので、少々長く引用してみる。

ほんの二度、そなたは小さな手でそなたのカスタネットを打ち鳴らしたにすぎなかった——すると、早くも私の足は舞踏に熱狂して揺れ動いた。私の踵《かかと》は浮き立ち、私の爪先はそなたの意向を知ろうとして、耳を傾けた。（中略）私はそなたに跳《と》びかかった。すると、そなたは私の跳躍を避けて逃走した。そして、そなたの靡《なび》き翻る髪の毛はさながらヘビと化し、私に向かって舌をぺろぺろさせたのだ！　私はそなたからそなたのヘビどもから、跳び離れた。すると、そなたは早くも半ばこちらを向き、目に欲情をたたえて立っていたのだ。

（中略）

そなたが近くにいると、私はそなたを恐れ、そなたが遠くにいると、私はそなたを愛する。そなたが逃走すると、私はおびき寄せられ、そなたが求めてくると、私は気が進まなくなる。——私は悩む。しかし、そなたのためとあれば、私が欣然《きんぜん》として悩まなかったことがあろうか！　その冷淡さが人の心を燃え立たせ、その憎悪が人を誘惑し、その逃走が人を束縛し、その嘲弄《ちょうろう》が——人の心を動かす、

——誰がこういうそなたを憎まずにはおれただろう、大いなる束縛者、籠絡《ろうらく》者、誘惑者、探求者、発見者としての、そなたという女を！　誰がそなたを愛さずにおれただろう、無邪気で、短気で疾風のような罪人、子供っぽい目をした罪人としてのそなたという女を！　いま、そなたは私をどこへ引っ張っていくのか、そなた、いと性悪な者よ、不羈《ふき》奔放な者よ？　と思うと、今度はまた、そなたは私を見捨てるのだ、そなた、愛らしい跳《は》ねっ返り者よ、恩知らずよ！

ニーチェのルー・ザロメに対する切々たる思いが伝わってくる文章である。この箇所は『ツァラトゥストラ』の他の箇所におけるような幾重にも屈折した反語や隠喩《いんゆ》をかなぐり捨てて、ただルー・ザロメに対する思いをストレートにぶつけている。ニーチェの単純さ、人のよさ、あえて言えば「可愛らしさ」が露出している文章である。

ニーチェは、ビゼー作曲のオペラ『カルメン』を何度も観たという（こう告白するニーチェは、恐ろしく「すなお」である）。

兵隊ドン・ホセは、カルメンの色香に迷い、兵隊を辞めて山賊の一味にまで身を落とし、心配のあまり尋ねてきた許婚《いいなずけ》のミカエラを追い返し、病気の母に会いに行こうともせず、しかもこれほど一途にカルメンに惚《ほ》れ込んだのに、彼女に捨てられてしまう。カルメンは自分を恋することだけを生きがいにする男には、とうの昔から興味を失っていたのだ。

そして、新しい恋人、闘牛士のエスカミリオが登場する闘牛場の裏で、彼女は復縁を迫るドン・ホセを拒絶し、ついに彼に刺殺される。

ドン・ホセは、典型的なダメ男であり、ニーチェは彼に自分を重ね合わせながら、悲痛な思いで舞台を凝視していたことであろう。そして、ドン・ホセがカルメンの遺体を抱きかかえながら「おお、カルメン！　おお、カルメン！」と何度も泣き叫ぶ場面で、涙を流し続けていたかもしれない。

このあたりに、純朴さ（ウブ）と自虐趣味が混じったニーチェの特有の性格が窺《うかが》える。

女に対する恐れ

ニーチェはワグナー夫人（リストの娘）コジマやルー・ザロメのように、優雅で貴族的で理知的で、しかも自由奔放に生き男を支配する「強い女」に惹かれた。そして、彼女たちからは（少なくとも男としては）見向きもされなかった。

ニーチェの女に対する激しい敵意は、ドン・ホセのカルメンに対する失恋という一回限りの体験ではなく、生涯を通じて女にずっともてなかった、そして、勇気をもって一度だけ愛を告白したら、もののみごとにふられてしまった男の肌に染み付いた女に対する恨み、という解釈が最もわかりやすい。

最後に女！　人類のこの半分は、弱く、典型的に病気で、むら気で、移り気である、——女はそれにしがみつくために強者を必要とし、なおまた、弱者であることを、愛することを、謙虚であることを、神的として称える弱さの宗教を必要とする——、ないしは、むしろこう言うべきであろう、女は強者を弱化せしめ、——強者を圧倒することに成功するときには支配する、と。女は常にデカダンスの典型と、僧侶とぐるになって「権力ある者」、「強者」、男に対して謀叛をはかった。

（『権力への意志』）

女は男よりもずっとずっと意地が悪く、また利口である。女でありながら善意を備えているなどというのは、すでにその女が女として退化していることの一つの現われだ……

（『この人を見よ』）

しかし、それはあまりにも皮相な解釈であろう。もっと深いところに、ニーチェの女に対する怖れ、あるいは同じことだが、女との関係に対する怖れがあるように思われる。

第一に、ニーチェの恋い焦がれた二人の女とも、美貌で知的で血筋も申し分なく、多くの男の憧《あこが》れの的であった。こういう女からふられてもニーチェの痛手は少ない。

そして、第二に、二人の女とも特定の男との関係のうちにあった（レーとの親密な関係はあとで知ったのだけれど）。ニーチェは、いつも一人の女と二人の男との三角関係を望んでいる。愛する女を「共有する」一人の信頼する男が必要なのだ。

つまり、ニーチェはけっしてひとりで現実的に女性を獲得するという「普通の」行動に出ることはない。うがった見方をすれば、はじめから成就の見込みのない女に目をつけ、そして計画通りふられてしまうというわけだ。これは、女に対して圧倒的に自信のない男にとって、傷を最小限に食い止める「賢い」やり方ではないだろうか？

第四章　善人は群れをなす

善人は群れをなして権力を握る

善良で弱い者は、たえず胸に不平を抱いている。しかし、その不平を少しでも身の危険のあるところで発散させることはない。積もり積もる不平もまた絶対安全な場所においてのみ表出するのだ。

しかも、彼は同じように弱い輩《やから》を見つけて不平を共有しようとする。こうして、彼は、絶対に自分の弱さを変えようとはしないので、しかも自分だけが取り残されることは恐ろしいので、自分と同じように弱い者の共同体を作ろうとする。弱さの被害者同盟を作ろうと企《たくら》むのだ。

そのためには、単に団結してもダメである。なにせ自分たちは弱いのだから。そのことを悟り、彼らは自分たちこそ「正しい」という武器を手にする。自分たちは弱いから正しい。弱いから善なのだ。こうして、正しくて善い弱者を見殺しにしないこと、配慮し尊重することにこそ、全道徳の基礎があるという信念にたどり着く。

こうした人種を、ニーチェは豚や羊や牛などと同様の「畜群（Herde）」と呼ぶ。

あまりにも長いあいだ、世人は彼ら〔小さい人々〕の言行を是認してきた。そこで、ついには彼らに権力までも与える結果となったのだ――いまや小さい人々は教える「小さい人々が善と呼ぶものだけが善なのだ」と。

（『ツァラトゥストラ』第四部「最も醜い人間」）

善人＝畜群による執念深い力への意志とその支配形態を、ニーチェは長々と描き出す。

畜群の本能は、中間のものと中位のものとを、最高であってこのうえなく価値あるものと評価するが、これは、多数者が住みついている場所であり、多数者がこの場所に住みつくやり方である。

（『権力への意志』）

善人は弱いことを自覚しているからこそ、最も卑劣で姑息《こそく》なやり方で権力を求める。つまり、彼らは「数」に訴えるのである。一人ひとりは弱いが、結束すれば、団結すれば、山をも動かし、巨悪をも打ち倒すことができよう。

こうして、善人である弱者は、「弱い」自分を寸毫《すんごう》も変えることなく、しかもトクをして

（ソンをしないで）ラクに生き抜くために、数に身を隠して、念入りに安全を確保したまま、いっさい責任を取らないことを胸に誓って、いつでも逃げられる用意を万端整えたうえで、行動に移る。それは、自分の弱さを知っている者のみが体感的に会得した、ほれぼれするほど賢明なやり方である。

善人は公正を求め、法律を遵守する

弱い者には、誰か強い者の保護が必要である。それが個人のレベルで求められなくなった近代以降においては、弱いものを保護する制度が必要である。

弱い者を守り、その弱さを責めたてない制度、弱くても生きていける制度、弱い者を見捨てない制度、弱い者に温かい目を注ぐ制度が必要である。

強い者がその強さを誇示することなく、その強さで弱い者を虐げることなく、むしろ自分の強さを「悪」とみなす制度、弱い者はこうした制度を「公正」であると考える。

強い者は強いのだから、弱い者のことを考慮しなければならない。弱い者は弱いのだから自分のことで精一杯である。これでいいのだ。強い者が弱い者のことを考慮するのは、強い者の義務なのだ。その義務を怠ったものを、追及し、詰問し、社会から葬り去ってもいいのだ。

「公正（gerecht）」という言葉は「復讐《ふくしゅう》（gerächt）」という言葉と響き合っている。「公正」を求める弱者は強者に復讐したいのだ。強者を臭いドブの中に叩《たた》き込んで、自分たちと同じ汚い輩に改造したいのだ。

しかも、弱者は独特の賢明さと鈍感さを併せ持っているので、そういう意図を自分自身から隠す術《すべ》も心得ている。彼らにあらためて聞けば、そんなことは「夢にも思わない」と答えるであろう。

弱い者は弱い者特有の権力を振りかざす。見えにくい特有の暴力を行使するのだ。つまり、――タチの悪いことに――、自分が権力を持っているなどとは夢にも思わないままに、絶大な権力を振り回す。しかも、――さらにタチの悪いことに――、そうしながら、自分は「公正だ」と思い込んでいる。

善意のあるところ、それと同じだけの弱さを私は見る。正義と同情のあるところ、それと同じだけの弱さを。

彼らは相互に円満で、正直で、親切である。さながら砂粒と砂粒とが互いに円満で、正直で、親切であるように。

（『ツァラトゥストラ』第三部「小さくする徳について」）

彼らは法律を遵守し、社会ルールを守る。なぜなら、彼らは第一に、社会のルールは弱者のためにあることを知っているからであり、第二にルールに反することによって社会から抹殺されることが怖いからである。

弱者は、よく社会のルールを守る。なぜなら、彼らが生き抜くには、みずからの欲望を押し殺し、しぶしぶ社会のルールに従うしか術がないからである。だから、彼らは善人になるしかない。善人とは、与えられた社会的ルールに、何の疑いをも持たずに従っている者なのだから。

こうして、彼らはどこまでも品行方正な市民になり、ルール破りの者を、顔をゆがめて激しく断罪する。

だが、私はきみたちにこう忠告する、私の友たちよ。処罰しようとする衝動が強大であるようないっさいの者たちを信用するな！　これは劣悪な種族と血統の徒輩である。彼らの顔つきには死刑執行人の、また探偵の気配が現われている。みずからの正義について多弁を弄《ろう》するいっさいの者たちを信用するな！　まことに、彼らの魂には蜜《みつ》が欠けているというだけのことではないのだ。そして、彼らが自分自身を「善にして義なる者たち」と称するとき、忘れるな、パリサイの徒た

るべく、彼らに欠けているのは——ただ権力だけであることを！
（『ツァラトゥストラ』第二部「タラントゥラどもについて」）

「処罰しようとする衝動が強大である」人とは、既存の掟《おきて》を絶対視する人であり、そのルール違反者に対して不寛容な人である。しかも「正義」の名のもとにおいて。およそ地上のすべての卑劣なこと、醜悪なこと、凶暴的なことは「正義」の名のもとに行われてきた。いかに合理的であっても、理知的であっても、説得的であっても、愛情に満ちていても、自分を一方的に「正義」の側において、それ以外の者を非難し迫害する者は信用してはならない。「みずからの正義について多弁を弄するいっさいの者たちを信用するな！」とニーチェは叫ぶ。

虐げられた人を代弁し、いかに柔和な顔で「正義」を唱えても、彼（女）はやはり危険人物である。なぜなら、権力を握った暁にはやはり大権力者（パリサイ人）になるからである。

パリサイ人とは、ユダヤ教の掟をすべて守る正統派のことであり、その社会における権力者である。言い換えれば、あらゆる既存の権力に対抗する勢力はやはり権力的なのだ。以前は権力者を罰しようとの衝動に突き動かされていた人間たちが、そのまま権力を握ると、どういう恐怖政治が実現されるか、——フランス革命後の恐怖政治やスターリニズムに遡《さかのぼ》るまでもなく——、現代日本の痴漢被疑者に対するヒステリックな魔女裁判もどき、微に入り細を穿《うが》った差別語狩り、などをちらっと見るだけで、容易にわかるというものである。

群れをなす善人は管理されることを好む

以上のことから、善人は——とりわけこの国の善人は——秩序が大好きであり、混乱が大嫌いであり、ちょっとでも不穏な事態になると気も転倒する。前に（第二章で）論じたが、人の集まるところ日本国中、バカ安全管理放送だらけ！

駅ホームでは「黄色い線の内側に下がれ」だの、「電車から離れて歩け」だの、電車内では「扉に手をつくな」だの、「忘れ物に注意せよ」だの、「降りるときはなるべく早く扉に進め」だの、バス内では「つり革につかまれ」だの、「走行中歩くな」だの、「降りるときは段差に気をつけろ」だの、プールでは「プールサイドを走るな」だの、海では「砂でやけどするな」だの……耳を覆いたくなるほどのお節介である。

しかも、「駆け込み乗車はおやめください」というアホ放送が流れる中を駆け込む者たちに車掌は「優しく」ドアを開けてくれる。仕打ちのために、顔面をイヤと言うほどドアで挟んで痛い目にあわせればいいものを。

こうして、この国の善人どもは、自己責任などすっかり忘れ、身の安全を「お上」に丸投げして、注意放送がないと怒鳴り込み、注意放送があってもそれを無視して駆け込み、その結果自分が僅《わず》かに傷ついても顔面を引きつらせて怒り狂うのである。

ああ、このすべてはなんと暴力的なことであろう！

まさに「あまりにも長いこと、人びとはこうした小さな人間たちの言い分を聞いてきた。そのため、ついには権力までも彼らに与えた」結果小人どもはつけ上がり、夢遊病のように街を歩いても、泥酔して電車に飛び乗っても、かすり傷一つないようにしてくれ、と蛙のようにガーガーがなり立てるのである。

そんなクソのような要求をする奴など、ペッと唾《つば》を吐き掛け、おまけに尻《しり》を蹴《け》飛ばして追い返せばいいものを、「お上」は丁重に耳を傾けるのである。

まさに、善人＝弱者は暴君に、「玉座に座る」大権力者に成り上がった。

暴君としての「善人」。

（『権力への意志』）

しばしば泥が玉座に坐《すわ》っている——そしてしばしば玉座がまた泥の上に座を占めている。

（『ツァラトゥストラ』第一部「新しい偶像について」）

弱者は「不正に」扱われることに耐えられない

『ツァラトゥストラ』の中で、典型的な善人にとってかなり解読の難しい箇所がいくつかあるが、次のところはその一つであろう。これがどうしても解読できない読者は、自分もニーチェの最も嫌った「善人」のひとりであると疑ってかかったほうがいい。

自分の正しさを主張して譲らないよりは、自分に不正を帰するほうが高貴である。自分が正しい場合にはとりわけそうだ。ただ、そうするに足るだけ豊かでなくてはならない。

（『ツァラトゥストラ』第一部「毒ヘビの噛み傷について」）

あらゆる弱者は、口を尖《とが》らせて「公正」「平等」「正義」を求める。しかし、真の強者なら、不当に攻撃されても、不当に非難されても、不当に排斥されても、それを受け止めるべきである。

おわかりだろうか？　こんな簡単なことさえ長々と説明しなければわからないのが、弱者＝善人というものである。強者はもともと「強い」のだから平等を求めない。自分が不当に非難される位置にいても、不当に損を被る位置にいても、不当に報われない位置にいても、それをあえて引き受けるのだ。

これは、ストア派の賢人思想や武士道とも重なるが、自分は強者だから、あえて「平等」を求めない、あえて弱者と同じラクやトクを求めないのである。

自分は強者だから、より大きな責任を負うべきだと固く信じ、より理不尽な仕打ちを受けるべきだと思っている。その場合、「正義」や「平等」の名のもとに自分を救おうとすることは、弱者と同じ基準を自分にあてがうことであり、それは恥なのである。

弱者どもにはより軽い罰を、しかし自分にはより重い罰を要求するのが「正しい」のだ。それは、弱者に対する同情からではなく、哀れみからではなく、軽蔑《けいべつ》からである。弱者は弱く、自分は強いのだから、自分は弱者と同じ権利を主張してはならず、同じ責任を負ってはならないのだ。

善人は人間の「平等」を信ずる

「平等」は「正義」にぴったり寄り添って、（欧米型）近代的道徳の核心を形づくっている。

だが、私が憎悪するのは、そのルソー的道徳性である――この道徳性が、いまなおそれで影響を及ぼし、いっさいの浅薄な凡庸な者を説得して味方にしている革命のいわゆる「真理」である。

平等の教え！……しかし、これ以上の有害な毒は全然ない。なぜなら、平等の教えは正義について説いたかに見えるのに、それは正義の終末であるからである……。

（『偶像の黄昏《たそがれ》』）

ニーチェはここで、「正義」に、「そう見える正義」と「本来の正義」という二重の意味を与えている。そして、「平等」は、節穴には「正義に見える」が、じつのところ正義の反対物である。

人間は平等どころではないが、弱者＝善人にとって、平等ほど口当たりのいい言葉はない。彼（女）はこう言う。「事実、人間が平等でないことは知っている。でも、人間は平等であるべきだ」と。だが、彼（女）はこれが何を意味しているかわかっているのだろうか？

確かに、どんなに権力者でも、人を殺せば、強姦《ごうかん》すれば、放火すれば、横領すれば、窃盗すれば、犯罪人である。「法の下における平等」とは、法はおよそ禁止を定めているので、各人はある種の社会的禁止に関してのみ平等であるということである。

言い換えれば、ただそれだけにすぎない。その他の膨大な事柄は、すべて不平等である。善人には、それがわからない。いや、わかっているのに、わからないふりをしている。

「タラントゥラ」という毒蜘蛛ども

こういう「幻想的平等主義」を教え込んだ張本人がいる。それは、自分は穴に隠れてこそこそ大衆を操作している卑劣きわまりない毒蜘蛛《ぐも》たちである。

「われわれに対して等しくないすべての者に復讐を誹謗を加えよう」――タラントゥラたちは心を合わせてこう言う。「そして『平等への意志』――これこそ将来道徳の名に代わるべきものだ。権力をもつ一切の者に対して、われわれはわれわれの叫び声を上げよう！」

（『ツァラトゥストラ』第二部「タラントゥラどもについて」）

弱者＝善人も努力次第で夢は実現される、正直に働き続ければ少なくとも人並みに生きられるという大嘘を教え込み、そのことによって彼ら頭の単純な善人どもの脳みそをかき回し嫉妬《しっと》を掻《か》き立てる。

自分がこんなに努力しても（これも疑わしいが）いっこうに生活は楽にならず、金は貯《た》まらず、老後は不安であり、これはどうしたことかと真剣に悩む輩を輩出させるのだ。

こういう大衆操作を裏でやってのけるのは「タラントゥラ」という名の踊る毒蜘蛛である。大衆の嫉妬心や復讐心を煽《あお》り立て、その燃え盛る憎悪を巧みに利用して、「平等、平等！」

と叫びながら、この毒蜘蛛は踊り続ける。

「タラントゥラ」とは誰であろう？ すべてのジャーナリスト、テレビに出て意見を述べるすべての者、いやいまとなってはすべての政治家、すべての官僚、すべての企業家、すべての教育者である。

すなわち、公の席で何かを語る者は、いまやすべて「タラントゥラ」なのだ。それほどの嘘ゲームを、いつまでもせっせと考案して、膨大な数の犠牲者が呻《うめ》き声を上げているのに、一点の嫌悪感も持たないのは不思議というほかない。

諸君、平等の説教者たちよ！ してみれば、権力にありつかない独裁者的狂気が、諸君の中から「平等」を求めて叫んでいるのだ。諸君の深く秘められた独裁者的情欲が、こうした道徳的な言葉の仮面を被っているのだ！ ……この説教者たちはいかにも感激に駆られている者というふうだ。しかし、彼らを興奮させているのは、純真な感情ではなくて――復讐の念なのだ。また、彼らが緻密で冷静になるなら、それは精神がそうさせるのではなくて、彼らの嫉妬が緻密で冷静にさせるのである。

（『ツァラトゥストラ』第二部「タラントゥラどもについて」）

テレビこそ諸悪の根源である。何も考えない（いわゆる）バカでもわかる仕掛けが、（いわゆる）バカに合わせた企画がひしめき合っている。

中でも、「コメンテーター」と自称する者は、お笑い芸人、落語家、漫画家、スポーツ選手、歌手、写真家、外食産業社長など、あっと驚くほどの無教養大集団。その一人ひとりが真顔で、地球温暖化や政権交代や少年犯罪について「コメントする」のだから、あきれ果ててしまう。

初め何かの冗談だと思っていたが、結構、テレビ局も番組企画の「タラントゥラ」どもも、そして何より当人たちも大真面目らしい。それにしても、こうしたまったくの知的庶民どもはいったい何の権限で世界情勢について、日本経済の行く末について、官僚の天下りについてコメントする資格があると信じているのだろう？　まるでわからない。

ニーチェのまことに適切なコメント。

専門家の名誉のために。——ある人が、専門家でもないのに審判員の役割を演じるや否や、それが男性であれ女性であれ、われわれは直ちに抗議すべきである。

（『曙光』）

いや、じつはわかっている。こういうコメンテーターたちは、専門家のコメントでは難しくてわからないけれど、自分たちの低い目線に立った「仲間」のコメントが欲しいという頭の悪い視聴者のニーズに合わせて登用された。

すなわち、テレビ局の「タラントゥラ」どもは、無知蒙昧《もうまい》な輩でもわかるような思いっきり白黒・善悪をはっきりさせたコメントがほしいのだ。こうして、大脳皮質の退化はますます促進され、人々はますます単純バカになっていく。

テレビ画面という極限的欺瞞空間

テレビは、こうした全国民的知的愚鈍をぐいぐい推し進めるばかりではない。それよりも数段有害なのは、その画面内に現れるすべてのものは念入りの「嘘」だからである。時折ほんとうらしい現象も混入しているからますますタチが悪い。

画面では、徹底的に差別語は狩り取られ、性的表現は制限され、天皇や皇室に対する誹謗《ひぼう》中傷は抹殺される。そして、そこに登場して発言する人すべてが、弱者をいたわらねばならず、懸命な努力を評価しなければならず、悪人を憎まねばならない。

老人に「お年寄り」という敬語をつける必要はなく、ただの「年寄り」でいいと思うが、そう呼んではならない。政治家と官僚ばかり猛攻撃することもない、ただの選挙権だけを持っている「国民」のほとんどだってただのアホだと思うが、そう言ってはならない。

ありとあらゆる外国（外国人）、ありとあらゆる地域（地域住民）を褒めまくらねばならない。どんな発展途上国（この言葉も欺瞞《ぎまん》的だ、永遠に発展しないかもしれないじゃないか！）も、ものすごく魅力的なのであり、そこに住む人間は日本人が忘れている「優しさ」を保持しているのであり、どんな滑稽《こっけい》な方言でも「かわいい！」と感動しなければならず、どんな気味悪い郷土料理でも「おいしい！」と絶叫しなければならず、どんな野蛮な田舎でも「ここに住みたい！」と眼を輝かさねばならない。

ＮＨＫの「のど自慢」では、ぶっ倒れそうな老人が伴奏などそっちのけでネゴトに抑揚をつけただけの歌を歌っても、みんな眼を輝かせて「お上手ですね！　お若いですね！」と褒めちぎり、必ず「特別賞」に選ばれる。

これだけの嘘を大合唱しながら、これだけの欺瞞を撒《ま》き散らしながら、みんな何の良心の咎《とが》めもないように、穏やかににこにこ笑っているのである！

かつてはテレビ出演依頼も少しはあったが、すべて断った。自分の映像を国民の目にさらすのは背筋が寒くなるほどの嫌悪を覚え、そのことによって容貌《ようぼう》を知られ、いろんなところで「あれ、中島だね」と指差されるのは、さらに自己嫌悪が増すからであるが、そもそもこんながんじがらめの異端審問的空間では到底話す気力が湧かないからである。

もう一〇年以上も前のことだが、NHKから「真剣10代　しゃべり場」への出演依頼が数回あった。当時は「顔を知られたくないんです」という面を強調して断ったが、そのあとの担当者の言葉がおもしろい。「じゃ、日曜日の早朝、あまり人が見ていない宗教の時間はどうでしょう?」「それでも誰かが見ているからダメです」と断ったが……。

話がずれてきたから、ここで軌道修正。

テレビの恐ろしさは、これほどの、まさに全体主義国家顔負けの「規制」がかかりながら、視聴者のほとんど(すなわち善人)にそれを気がつかなくさせてしまうことである。

こうして、不思議でたまらないのだが、両腕両足を縛られ、さらに猿轡をはめられるほどの報道規制なのに、全国民はこの国に「報道の自由」が守られていると信じている。だから、右翼による新聞社の襲撃があると、あらゆる評論家は「報道の自由」を守ろうと絶叫し、それが侵害されることを恐れるふりをするのである。

いや、じつは、このすべては全然不思議ではない。ニーチェの言うとおり、「タラントゥラ」という名の毒蜘蛛どもは、「基本的人権」とか「民主主義」とか「平等」とか「弱者保護」という錦《にしき》の御旗を掲げて、弱者を守り強者に立ち向かっていくふりをしている、そのためには真実をねじ曲げることも、違反者に魔女裁判を断行することも厭《いと》わない。

つまり、こうしたふりをすることによって権力を行使し、そのすべてに良心の呵責《かしゃく》を感じない人種なのである。

善人は例外者を排斥する

善人支配の恐怖政治はずんずん進行していく。善人たちは、欺瞞と嘘で固めたテレビ画面を毎日眺めていても、何も問題を感じなくなる。そして――私のように――そこに問題を見出す人に敵意を感じるようになるのである。

畜群が支配する国では、例外者は例外者であるゆえに白眼視され、排斥され、迫害される。なぜなら、そういう輩がいると、善人たちが全身をゆだねているとろとろ夢見るような安穏が崩れるから、うすうす感づいているその真っ赤な嘘が暴露されるからである。

畜群は、おのれ以下のものにせよおのれ以上のものにせよ、例外者を、おのれに敵対し危害を加える何ものかであると感取する。上位をめざす例外者、より強い、より権力ある、より賢い、より豊饒《ほうじょう》な者たちを扱う畜群の手管は、この者たちを説服して、番人の、牧人の、見張人の役割につかせること――畜群に仕える第一の奉仕者たらしめることである。こうして、畜群は危険を変じて利益としてしまう。中間のもののうちでは、恐怖というものはなくなる。ここにいるのはおのれの仲間だけだからである。ここには誤解される余地もほとんどなく、ここには平等があり、ここではおのれ自身の存在が非難されるべきものとしてではなく、正当な存在として感ぜられ、ここには満足感が支配している。不信は例外者に関することであり、例外者であることは罪責とみなされる。

（『権力への意志』）

善人は一見草食動物のように柔和であるが、秩序を乱す者、いや秩序に対してわずかでも疑問を覚える者、いや違った振る舞いをする者を見つけるや、恐るべき凶暴さを発揮し、ひっとらえて引きずり回し血祭りにあげる。そうしたときの善人の眼は残忍な喜びに輝いている。

中世の魔女裁判を支えたのは善人たちである。二〇〇〇年に及ぶユダヤ人迫害を支えたのは善人たちである。戦前のわが国で戦争反対者を「売国奴！」と罵《ののし》り足蹴にし唾を吐きかけたのは善人たちである。

そして、現代日本において、セクハラや痴漢行為に眼をらんらんと光らせ、容疑者を捕まえるや吊《つ》るし上げ首を晒《さら》して葬り去るのも、折り紙つきの善人たちである。

善人たちは、いつの時代においても、けっして自己批判をしない。「みんな」と同じ行動をとることに一抹の疑問も感じない。それどころか、それに限りない喜びや安らぎを覚える。

すなわち、善人の正しさの根拠は一つだけである。それは「みんな」である。「みんな」とは、誰か？　最も数の多い者たちであり、最も物を考えない者たちであり、最も鈍感で最も自己反省しない者たちであり、つまり最も弱い者たちであり、しかもそれでいいと居直っている者たちである。こうした膨大な数の人々によって「みんな」という印章は、現代日本では、葵《あおい》のご紋より菊のご紋より、高らかに掲げられる。

「みんな」が苦しんでいることは正しい苦しみなのであり、「みんな」が望んでいることは正しい望みなのであり、「みんな」がやめてもらいたいことは直ちにやめるべきなのだ。「みんなが困っているじゃないですか！」と涙ながらに叫んで、そのおかしさを微塵《みじん》も反省しないのが、正真正銘の善人である。「みんな」が間違っていることもあるのになあ、いや、「みんな」の考えていることはだいたい間違っているのになあ、という真理がかすかに頭をよぎることすらない。

晩年になって、自分を戯画化し罵り続けるコペンハーゲンの大衆誌「コルサール」と戦った（つまり大衆と戦った）すえ、怒り心頭に発する思いでキルケゴールは語る。

大衆は非真理である。そのためキリストは十字架につけられたのであった。キリストはすべての者に呼びかけたが、大衆に取り合おうとはせず、いかなることがあろうと大衆の助けを借りよう

とはせず、この点に関しては断固として退けたがために、また党派を造ろうとせず、多数決を許さず、彼みずからがそれであった真理、単独者にのみにかかわる真理であろうとして十字架につけられたのであった。

（『わが著作活動の視点』「付録」田《た》淵《ぶち》義《ぎ》三《さぶ》郎《ろう》訳、白水社）

畜群である善人は、ひとりでは右顧左眄《さべん》をうろうろさせて何もできないくせに、大衆になったとたんに、なぜこれほど残酷な獣に化身するのであろう？　眼を輝かせ、喜び勇んで一人の犠牲者を「生贄《いけにえ》」として血祭りに上げるのであろう？　「みんな」という言葉をもち出したとたんに頭が麻痺《まひ》してしまい、どんな卑劣なこと、破廉恥なこと、悪質なこと、無謀なことでも、自分は「正しいこと」をしているのだ、と思い込んでしまうのであろう？

それは、彼らが途方もなく頭が悪いからであるが、見方によっては、途方もなく頭がいいからでもある。これは意識的な計算によってではない。自分でも気づかないほど深層の打算によって、自然に身体がこのように動いていくのだ。

身体のレベルで生理的に確信していることは、最も強い。いかなる理論をぶつけても、ダイナマイトを投じても、水爆を破裂させても崩れないほど強い。

善人は自分と異質なものを切り捨てる

善人はラクをしたく、しかもトクをしたい輩なのだから、自分のまわりに対立があってはならず、なるべく考えないようにしてすべてのことが進んでもらいたい。

つまり、問題が起こらないという意味で「平穏」であることが第一なのだ。異質な分子が入り込んで事柄がややこしくなることをひどく嫌う。同じ考えの者同士で固まって、異質な者との接触を毛嫌いするのだ。そうすると、人間は果てしなく「ダメ」になる。

駄目になる。——同じ考え方の人間を違った考え方の人間よりも高く尊敬せよと指導するなら、青年は一番確実に駄目になる。

（『曙光』）

思想家はどこまでおのれの敵を愛するか。——きみの思想と反対に考えることのできる者をけっして抑制するな。口外せずにおくな！　自分にそれを誓え！　それは思索の第一の誠実に属している。

（『曙光』）

学者として一流か二流かはすぐに見分けられる。一流の学者とは、自分と違う意見にも耳を傾けて聞こうとする姿勢のある者、二流（以下）の学者とは、同じ意見の者だけで集まって、違う意見の者を排斥する者。とくに、中堅以降、両者の差異は激しくなる。二流の学者はとにかく党派的である。自分の周りに信奉者を集めようとする。

そして、彼には必ず悪魔のような敵がいる。彼はその敵に対する嫉妬で燃え尽きそうなのである。同業者の悪口ばかり言う学者を警戒せよ！　とくに、若手ばかりの席で同業者の非難ばかりする学者を警戒せよ！　できれば、彼から離れよ！　彼は党派をこしらえようと躍起であり、真理よりそちらを重視する御仁なのだから。そのサークルで生きているうちに、あなたもしらずしらずに学問を萎《しぼ》ませるそうした下劣な姿勢を身につけることになるであろう。

そして、気が付いたときは、やはり自分の周りに自分の追随者ばかり集めることになるだろう。あなたの目はあなたが集めた「同じ考え」の人々の賞賛や同調によって曇り、しかもそれに気づかないであろう。

ニーチェはさらに要求する。

きみたちは、憎むべき敵たちだけを持つことが必要であって、軽蔑すべき敵たちを持ってはなら

ない。きみたちは自分の敵を誇りとしなくてはならない。

（『ツァラトゥストラ』第一部「戦争と兵士たちについて」）

強者は敵から逃げない。敵が強ければ強いほど、敵をしっかり見定める。敵との対決こそが人生の醍醐《だいご》味だからだ。だが、弱者はあらゆる敵から逃げる。そして、敵のいない世界を望むのである。

善人はエゴイズムを嫌う

善人はとにかく集団の秩序を乱す言動をする人が嫌いである。その言動が何であれ、そういう輩は「エゴイスト」なのだ。だが、ニーチェはあえて「エゴイズムは悪ではない」と断定する。

エゴイズムは悪ではない。なぜなら、「隣人」――この言葉はキリスト教的起源に属していて真理に一致しない――の表象は、われわれにあってはきわめて微弱であり、われわれは隣人に対してほとんど植物や石に対するように、自分を自由で責任のないものと感じているからである。他人が苦しむということは学ばれなくてはならないことである、そして、完全にはけっして学ばれ

えないことである。

（『人間的、あまりに人間的』I）

この文章の背景に隠れている言葉は（ニーチェの人間観における）「真理」であろう。他人を普遍的に（敵さえも）愛するという「隣人愛」は、ニーチェによれば、人間の自然に逆らい人間の真実のあり方に反する虚偽あるいは欺瞞なのだ。なぜなら「他人が苦しむということは学ばれなくてはならないことである、そして、完全にはけっして学ばれえないことである」のだから。

純朴な人々の耳には不快に響くかもしれない危険を冒してでも、はっきり私は言っておく。エゴイズムは高貴な魂の本質に属する、と。私がエゴイズムと言っているのは、（われわれがそれである）ごとき存在には他の存在が本然的に隷従しその犠牲になるべきであるという、あの動かしがたい信念のことだ。高貴な魂は、おのれのエゴイズムというこの事実を、何の疑いを抱くこともなく、そこに冷酷とか強制とか恣意とかを感ずることさえもなしに、むしろそれが事物の原法則に基づいたものであるかのように受け取る。――これに名をつけようとする段になると、高貴な者は言うであろう、「これは正義そのものである」と。

（『善悪の彼岸』）

高貴な者は、高貴でない者を隷属させ犠牲にさせることこそものごとの法則にかなっており、「正義だ」と言うのである。ヒトラーが喜びそうな文章である。

しかし、ヒトラーはニーチェについて学問のあるムッソリーニから聞いただけであり、後年、ニーチェの妹が彼に擦り寄ってくることによって知っただけなのであって、ニーチェの難解な文章を読解する能力はなかったと見ていい。

また、虚心坦懐《たんかい》に読めば、「高貴な魂」とは対極的な地位にいるヒトラー自身がまっ先にそれに「隷従しその犠牲に」ならねばならないはずであろう。

ニーチェはある人々（とくに高慢な若者）を磁石が鉄粉を引き寄せるように引き寄せる魔力を持っている。彼らはニーチェの強く生々しい言葉に出会って、狂喜する。

自分は、これまで周囲の善良で常識的な者たちが「正しい」と信じてきた。彼らから「お前はダメだ」と言われ続けてきた。変だ変だと思ってきた。なぜなら、どう考えても彼らより俺のほうが優れているのだから。

いま、やっと目が覚めた！　俺が完全に正しかったのだ！　俺は周囲の人間たちを木っ端微塵に破壊するダイナマイトを手に入れた。

こうして、彼はたちまちニーチェの二項対立を体内に受け容《い》れる。周囲の者どもはみな「畜群」だ。そして、俺は超人への道を行くように選ばれた人間なのだ！

私の周囲には、何とこういう身のほど知らずのトンマな若者たちが多いことであろう（私が必ずしもそうでなかったことは「まえがき」で述べた）。

周囲のものを畜群とみなして批判し軽蔑するのも結構である。しかし、多くのニーチェ研究者やニーチェ愛好家が落ち込む罠であるが、自分を畜群とは反対の高貴な者の位置に据えて畜群を裁くのは、限りなくオメデタイのではないかと思う。

芯《しん》からそう信じ込んでいるのであれば、病的なほど自分を知らないのではないかと思う。そして、うすうす感じながらの仕業であれば、はなはだしい自己欺瞞であり、不潔でさえあると思う。

高貴な者をあくまでも「理念」としてとらえるとき、読み手の清潔さは保たれる。だから、この箇所も「真に高貴な者なら、高貴でない者を隷属させ犠牲にさせてよいであろう、しかし、そういう者は人類の歴史始まって以来現実にはいなかったのだ」と解するのが妥当である。

善人＝弱者を批判する者は、善人＝弱者を完全に脱している者ではない。そうではなくて、善人＝弱者から脱し**たい**と全身で願**う**者である（これはオルテガの「エリート」の定義に呼応している）。そして、その分だけ純粋な善人より少し優れているのだ。

第二章で見たではないか。「野生のイヌ」でしかない者が、畜群を笑っている滑稽さ、悲惨さを！　そして、これは私の読みであるが、ニーチェ自身は自分を超人と同一視しないだけの良識を最後まで具《そな》えていた。だから、彼の文章には力があるのであり、だから彼の文章は清潔さを保っているのである。

群れをなさない弱者

ここでふたたび「新型」弱者に登場願おう。いや、必ずしも新型ではないが、最近とみに増えていることも事実である。

それは、完全な弱者なのだが、だからこそ誰とも群れをなさず「ひきこもっている」とくに若い人の群れである。典型的な「ひきこもり」の段階に達しなくても、恋人も友達もいない、といって家族と打ち解けているわけでもない孤独な青年の群れである。

彼らは積極的な人間関係を築くことができない。他人に共感することができず、同調することができず、よって、小さい時から集団の中で違和感を持ち、うまくその空気を呼吸することができない。

そうして、思春期にいたる。彼らは集団で生きていけない代償として、好んで思索に耽《ふけ》り、好んで本を読む。とりわけ彼らにとっての「必需品」はパソコンである。その数十平方センチメートルの画面を通じて全世界から知識を得ることができ、自分の言葉を全国へ（匿名で）発信することができる。

膨大な知識を獲得する（といっても簡単至極であるが）につれて、数々の作家や哲学者や芸術家が同じように社会的マイナスを背負って生きたことを知る。

そして、彼らの頭脳は活発に動き始める。自分はこんなに非社会的なのだから、もしかしたら天才なのかもしれない、少なくとも自分は何かを表現するために生きる運命にあるのかもしれない。いや、そうでなくとも、ぼく（私）は他人が、社会が恐くてたまらず、しかも他人からの評価が欲しいのだから、何らかの手段で自分を表現することによって生きていくしかないのではないか？

ああ、こうしてひとり部屋に閉じ籠《こも》ったままで、好きな仕事（漫画家？　アニメ作家？）ができ、それを多くの人が評価してくれ、相当のお金を得ることができ、時々取材を受け、テレビに出……そういう生活はなんといいことだろう！　とこう考えて、身体中精気で充たされるのだ。

そうすれば、毎日満員電車に揺られて会社に行き、労務管理だの経理だの販売など、どうでもいいことをしている世のほとんどの男ども、あるいは夫の帰りだけを待ち望み子供の成長だけを期待している世のほとんどの女ども、すなわち愚かな「畜群」（彼らは必ずニーチェを読むのだ）どもを徹底的に軽蔑できるじゃないか！　みごとに「敗者復活戦」に勝つことができるじゃないか！

こうして、ニーチェの毒を食らい、パソコンの画面を睨むことのほか何もしないまま、彼らは一年一年確実に年を取り、社会適合性はますますなくなり、「普通の」勤め先はますますシャットアウトされていくのだ。

もはや、いつまでも幻想に生きるか、自己欺瞞に気づいて「転向」するかしか道は残されていない。後者は恐い。よって、ほとんどの者は、冷えていくぬるま湯に浸かっているように、身を縮こませながら前者にしがみつき続けるのである。

第五章　善人は同情する

善人は誰からも苦痛を与えられたくない

ニーチェの次の言葉は、まことに正鵠《せいこく》を射ている。

彼ら〔善人たち〕は心の底でひとえに一つのことを最も念願している、すなわち、彼らが誰からも傷つけられないということだ。そこで、彼らは誰に対しても先んじて親切を尽くす。

（『ツァラトゥストラ』第三部「小さくする徳について」）

善人は、誰からも傷つけられたくないゆえに、誰をも傷つけまいとする。誰からも批判されたくないゆえに、誰をも批判しようとしない。誰からも不快な気持ちにさせられたくないゆえに、誰をも不快な気持ちにしないように努力する。

こうして、いつもびくびく恐れている、いつもすべてを振り捨てて逃げようとしている小動物のような善人特有のたるんだ顔が形成される。

なぜそうするのか？

自分は弱いから、ちょっと油断すると他人から苦痛を与えられる危険があるからであり、自分は弱いから、いったん苦痛を受けると、その傷からなかなか癒《い》えないからである。しかも、自分は弱いから、自分に苦痛を与えた人に復讐《ふくしゅう》することはおろか、「あなたは私に苦痛を与えた」と訴えることさえできない。

苦痛を受けた当人の前でもへらへらした態度を取ることしかできない。これは二重の苦痛である。こういう二重もの苦痛に追いやった他人が憎くてたまらない。

しかし、自分は弱いから、他人に対する憎悪をわずかにでも表現したら、いや他人に対して少しでも冷たい態度を表明したら、その人と共にいる集団（会社、学校）では生きてはいけないであろう。だから、ストレスが溜《た》まり、それ以外の人も恐ろしくなり、これが第三の苦痛となる。

善人は、こうして自分をじわじわ自己嫌悪と他人嫌悪との共鳴し合う風通しの悪い空間に追いやっていく。この空間を抜け出せば、嵐の吹きすさぶ世間が待ち構えていることがわかっているから、つまり他人からちょっとでも攻撃されでもしたら、世の中は真っ暗になり、生きる気力もなくなるから、そういう事態に陥るのを避けようとして、彼らはこの空間に留《とど》まり続けようとあらゆる努力をするのである。

とくにわが国民に多いが、そしてとくに女性に多いが、自分の周囲で「対立」が生ずるとパニック状態になる人がいる。現代日本の大人同士のあいだでは、まあ殴り合いはないが、いかなる言い争いでも、からだが受け付けない。自分に対してでなくとも、誰かを罵倒《ばとう》する言葉を聞くと、とっさに耳を両手で塞《ふさ》ぎたくなるほどの恐怖を感ずる。視線は焦点が定まらなくなり、おろおろそわそわして、何しろ対立が止むことだけを願う。

善人は、自分が苦痛を負うことはもちろん、他人が自分の眼前で苦痛を与えられることすら耐えられないのだ。

だが、こういう「原理」を掲げて生きていることは端的な間違いではないだろうか？　なぜなら、われわれは、確固たる信念をもってそれを実現しようとすると、必ず周囲の他人とぶつかるからである。それは（結果的にせよ）他人に苦痛を与えることであり、他人から苦痛を与えられることである。

自分の信念や美学を貫くには、こうした対立に伴う苦痛を避けては通れない。強者はあえてこれを選択する。他人からの苦痛に耐え、他人に苦痛を与えても、守りたい自分の信念や美学があるからである。

しかし、善人＝弱者はあらゆる人に加えられる苦痛を避け続けることによって、各人の信念や美学を握りつぶす。そして、結果として誰をも傷つけない信念（それは大多数の善人＝弱者の信念、あるいはその社会や時代において支配的な信念にほかならない）のみを受容することになるのだ。

いかなる正当な理由、確固たる理由があろうと、いかなる他人をも苦しめてならないとすると、互いに顔色をうかがって、誰も誰ともぶつかることのない社会が、誰もがみずからの信念や美学を貫くことのない、みんながみんなに親切な、退屈きわまりない、欺瞞《ぎまん》だらけの社会が実現されることになる。善人の目指す社会とはこんなものだ。

善人は同情されたいから同情する

誰からも苦痛を与えられたくないという善人の原理は、「同情」において頂点に達する。善人は自分が病に苦しむとき、貧困に喘《あえ》ぐとき、不幸にうちのめされているとき、とにかく他人から同情されたいがゆえに、他人に同情するのである。

こうしたさもしい力学を見抜いたニーチェは、病的と思われるほど同情を嫌っている。

ああ、同情深い者たちにおけるよりも大きな愚行が、この世のどこかで行なわれただろうか？
また、同情深い者たちの愚行以上に多くの悩みを引き起こしたものが、この世に何かあっただろうか？

（『ツァラトゥストラ』第二部「同情深い者たちについて」）

彼ら〔救済者〕の精神は彼らの同情の中で溺死《できし》した。そして、彼らが同情によって膨れ、膨れ上がったとき、〔同情の〕水面にはいつもある大いなる愚かさが漂っていた。

（『ツァラトゥストラ』第二部「聖職者たちについて」）

日本語の「同情」という語感からもわかるが、ドイツ語の „Mitleid“（共に苦しむ）がよく示しているように、それは喜ぶ者に共感することではなく、苦しむ者に共感することである。キリスト教はじめ、ほとんどの道徳の基本をなすものと言えよう。そして、ニーチェはこれを徹底的に軽蔑《けいべつ》し、憎悪し、非難した。

これは、同情を最高の人間的価値とみなしたショーペンハウアーに対する批判であり、さらに遡《さかのぼ》れば、眼前で苦しむ小さな弱い者への隣人愛（アガペー）を唱えたキリスト教の道徳観に対する反発でもある。

ニーチェの同情批判を、その多層的ファーゼ（段階）構造の襞《ひだ》に至るまで解明するのは難しいが、まず『曙光』の第二書、とくに一三三から一三六にかけて、ニーチェは同情有害論の基本線を示している。

どの程度まで同情を警戒しなければならないか。――同情は、それが実際に苦しみをつくり出す限り――そしてこれがここでわれわれのただ一つの視点であるが――およそ有害な感動に迷い込むことと同じように、一つの弱さである。同情は、この世の苦しみを増大させる。同情の結果として、間接的に時折苦しみが減少し排除されることがあっても、この折に触れての、全体としては重要ではない結果を、同情の本質を弁明するために利用してはならない。その本質は、前に述べたように、有害なものである。たとえ一日だけであっても同情が支配するとしよう。すると、人類はそのために直ちに破滅するであろう。

ニーチェによると、同情とは、弱者が自分の「弱さ」にもたれかかり、ますます卑劣になり、ますます同情を求め、ますます弱さから抜け出せなくなるという恐るべき悪循環を産み出す。

弱者は一時的には金を恵んでくれた人（A）に感謝するであろう。だが、同情された者は、次に同じAが金を恵んでくれないとAを憎むであろう。

同じように、みずからの才能の欠如や肉体的魅力の欠如、あるいは不運などがもたらす慢性的な不幸にあえぐ人は、せめて「わかってもらいたい」と願うであろう。そして、わかってくれる人に感謝し、わかってくれない人を激しく憎むであろう。

彼はしらずしらずのうちに一つの権力を自分のうちに育て上げる。乞食が赤子を抱き悲痛な顔で通行人に両手を差し出すように、みずからの惨めさを誇張することによって通行人から金を巻き上げようとするのだ。こうして、弱者は次第に強者から同情を当然のこととして要求するようになり、そのあげく充分自分に同情を注がない周りの強者たちを憎み、さらには軽蔑するようにさえなる。こうして、持たざる者の苦しみに加えて、持てるものの「冷酷さ」を憎悪する苦しみをも自らの中で育て上げるのだ。

そして、持てる者（強者）も、こういう暴力的な眼で自分を見つめる弱者を恐れ、弱者にかたちだけの金を投げ与えてそこから逃げ去り、彼らを心の底から憎悪し軽蔑することになる。

つまり、同情は同情を要求する者を卑劣に・破廉恥にし、同情する者をも偽善的・欺瞞的にし、両者の心を腐らせるゆえに禁じられるべきなのだ。

他人を辛がらせるという権力

不幸な者は、一種の権力を握っているというニーチェの洞察は鋭い。

……居合わせる者のそのときに現わす同情が、弱い者、悩める者にとって、一つの慰めとなるの

は、彼らがそれで自分たちのあらゆる弱さにもかかわらず、少なくともまだ一つの権力を、辛がらせるという権力を持っていると認識できるからである。不幸な人は、同情の証言が彼に意識させるこうした優越感において、一種の快感を得る、彼のうぬぼれが頭をもたげる、自分にはまだまだ世間に苦痛を与えるだけの重要性があるのだ。そんなわけで同情されたいという渇望は、自己満足への、しかも隣人の出費による自己満足への渇望である、それは人間を、当人の最も固有ないとしい自我のまったくの無遠慮さにおいて、さらけ出している。

（『人間的、あまりに人間的』I）

ニーチェは人間の愚かさと残酷さをよく見ている。不遇な者は、不思議な特権意識を持ち、自分より恵まれた者が自分にひれ伏すことを求めるのである。不遇な者の物語を聞くと、恵まれた者は返す言葉がない。

冬の寒空のもと首を切られて派遣村に落ち着き呆然《ぼうぜん》としていること、小説を十年書いているが新人賞の候補にさえならず、いまさらどこにも勤め口はなく、いっそ自殺してしまおうかと思っていること、……をしみじみ話す男は、眼前のかつての学友に復讐をしている。相手が困惑する姿を見て、からだの深いところで「一種の快感を得」そしてほとんど無意識のうちに「うぬぼれが頭をもたげる」のだ。

こうした場合、不幸話を聞かされる側がどう反応しても、話し手は承服しないであろう。どんなに慰めても、いかに同情しても、ただの言葉だけだと怒りを募らせるであろう。そして、もちろん、彼をちょっとでも非難するや（もっと真剣に職を探したらどうだ、というように）、相手を殺さんばかりの目つきで睨《にら》みつけ、けっして相手を赦《ゆる》さないであろう。

彼の望むのは、相手を支配することだからである。さしあたり自分ほど不幸ではない相手がみずからの「罪」を認めて、自分に平伏することだからである。

と、こう分析してあらためて考えてみるに、不遇な者が恵まれた者を「辛《つら》がらせる権力」を認めているニーチェは、恵まれた者が不遇なものの不平不満を聞いて「辛くなる」ことを認めていることになろう。もっと粗野で鈍感な社会的強者もいるはずだが、ニーチェ自身は不遇な話を聞くと「辛い」のであり、彼の優しさがポロリと出た感じである。

同情は自由な人間関係を崩壊させる

とはいえ、賢明な読者は、ニーチェは狭量ではないか、見返りをいっさい要求しないさわやかな同情もあるではないか、他人からの同情を心から感謝する場合もあるではないか、と思われるかもしれない。

なるほど表面的にはそうかもしれない。しかし、その場合、同情はさらに害悪を及ぼすのである。ここで、われわれは同情の第二ファーゼ（段階）に進む。

この場合、同情した者は（その人がまともであれば）、自分の偽善的・欺瞞的行為の性格を、つまり、その動機には偽善や欺瞞が多分に含まれている行為の性格を充分知りながら、「よいことをした」と思い込んでしまう。同情を与えた相手が眼を輝かせて感謝の言葉を連ねるとき、相当の鍛錬ができていないと、思わず自分を誇ってしまうのだ。これこそ、その人の魂（？）を徹底的に腐らせるさらに大いなる害悪なのである。

そして、同情された側は、相手に感謝する気持ちが純粋であればあるほど、自分の人格を明け渡して、相手に従うことになる。命の恩人に対してはわずかにも批判的な言動を避け、その命令には一途に従うとしたら、彼は奴隷に身を落とすことになろう。

同情はそれがその人の人生を変えるほどの強烈なものであればあるほど、同情した者は相手が無条件に自分に従うことを要求し、そうではないまでも、自分を真っ向から批判することを嫌がり、自分より他の人をより尊敬することを嫌がり、恩知らずと感じてしまう（頭で振り切っても「感じてしまうこと」が大切である）。

そして、これにぴったり呼応して、同情を受けた者は自分の信念や美学を殺してまで、同情した者に全身全霊で従おうとする。

こうして、同情が純粋であればあるほど、同情した者と同情を受けた者とのあいだの自由で対等な人間関係は崩壊する。

だから、どうしても同情するなら、むしろそっけないほうがいい。さらっとしていて、同情した者も同情された者も、何があったか忘れてしまうくらいのほうがいいのだ。

同情と羞恥心

だが、例外的に同情していい場合もある。それは、同情する者がそれを心底から恥じているときである。これが同情の第三のファーゼ（段階）である。

それゆえ、高貴な者は、自分を戒めて、人に恥ずかしい思いをさせないように心がける。高貴な者は、自分を戒めて、およそ悩んでいる者に対して〔自ら〕羞恥《しゅうち》を覚えるように心がけるのだ。

（『ツァラトゥストラ』「同情深い者たちについて」）

それゆえ、私は悩んでいる者を助けた手を洗い、さらに魂をも拭《ふ》き清める。というのは、悩んでいる者の悩んでいるさまを見たことを、私は彼の羞恥のゆえに恥ずかしく思ったからであり、また私が彼を助けたとき、私は彼の誇りをひどく傷つけたからである。

（『ツァラトゥストラ』「同情深い者たちについて」）

これらのニーチェの洞察が、私はなんとからだの芯《しん》までじんと響くようによくわかることであろう。同情する者が同情するという愚行をせざるをえないことに対して羞恥を覚えていれば、その場合のみ同情は悪臭を発することはない。その場合のみ、反射的に同情される者は惨めな敗残者という羞恥を覚えることはない。

しかし、先に確認したように、他者に同情するときに羞恥心を覚えるほど「高貴な者」など現実にはなかなかいない。だからこそ、同情を寄せられた者はみな、羞恥心に喘ぎ、同情を与えてくれた者とのあいだに溝を感じるのだ。

本来の姿（理念）は、意図せず同情してしまった側がとっさに羞恥を感ずべきなのであり、同情される側はそれにによってのみ羞恥を感じないで済むのである。しかし、実際は同情する側に何の羞恥心もないので、同情される側は羞恥にまみれることになる。

ニーチェの同情否定論は、表面的には、傲慢《ごうまん》な強者の論理に見える。しかし、この神経の細やかさはどうだろう？　なんと同情を受ける側のことを思いやっていることか！　なんと同情を与える側のハードルは高いことか？　みずからの傲慢さを完全に粉砕し、むしろ自責の念に駆られて、相手が寸毫《すんごう》の羞恥も感じないような仕方で、同情すべきなのだから。

だから、逆説的に、同情を与えたら拒否されて反抗されるほどの者にのみ、同情すべきだということになる。そして、それが友人であることの基準なのである。

噛めば歯が折れるほどの友

友人への同情は、ある堅い殻の下に隠されているべきだ。この同情〔という果実〕を噛《か》もうとすれば、きみは歯の一本ぐらい折りかねないというようであるべきなのだ。そうであれば、同情はその細やかで甘美な味を持つことになろう。

（『ツァラトゥストラ』「友人について」）

友人とは、同情されることの悲惨さを知っている者であり、同情するという行為の愚かさを知っている者である。

なぜなら、この場合のみ、同情する者は、同情する者に感謝されるどころか反抗され、反射的に羞恥を覚えることを余儀なくされる。こうして、同情という行為の愚かさを互いに認め合うことができるからである。

ニーチェは書く。真の友人は、自分を拒否するほど、「堅い殻」をまとい、それをこじ開けようとすると、「歯の一本くらい折りかねないというようであるべき」だと。これは、（ツアラトゥストラはともかく）弱いニーチェにとって、悲壮なほど理念的な友人像である。

彼自身は、彼のさまざまな友人との関係が示しているが、こういう理想的友人に耐えられるほど強い男ではない。彼が現にこういう男に出会ったら、怖《お》じ気《け》づき、到底友情を結ぶことはできないであろう。

「堅い殻」をまとった友人が単なる理念であることを、ニーチェは腹の底まで知っていたであろう。自分から次々に友人が去っていったことに呆然としながらも、ニーチェは涙をこらえて（？）非現実的な理想的友人像を高々と掲げたのだ。ここに、一五歳の少年のような強がりとそれにぴったり張り付いている弱さを感じてしまうのはどうしようもない。

学生時代の親友関係から推測するに、ニーチェは真に愛し合い信頼し合い相手の力量を認め合う人間関係を渇望していた。

だが、『悲劇の誕生』の刊行以来、それまで友人と思っていた者たちの煮え切らない言動（からだを張って自分の味方になってくれない功利的態度）に傷だらけになり、裏切られたと思い込み、そこで彼は涙をぬぐって一人で生きる強さを獲得しようとしたのである。

学会において「犯罪者」のように見られ始めたニーチェのもとから、かつての友人たちはニーチェと微妙に距離をとり始めた。その中には、はっきり去っていった者もいる。彼らがニーチェという「堅い殻」の内側にある甘味な実を味わおうとはせず、その殻が「歯の一本くらい折りかねない」ことを知って、諦《あきら》めたからである。

そうではないという声も聞こえてくるが、全身全霊でニーチェはそう思い込みたい。サルトル流に言い換えると、命を懸けて彼は自己欺瞞を貫徹したいのだ。

ニーチェの「優しさ」

先にちょっと示唆したが、ニーチェを読んでいると、その雷鳴のような強気の発言の合間に、ふっと意外なほどの「優しさ」がこぼれ出てくることがある。

完全に武装した衣の内側に、あまりにも傷つきやすく柔らかな肉体を感じる。あまりにも傷つきやすいから、無理にでも姿勢を硬く保持しなければ生き抜いていけない、少年のような「けなげさ」が見透されるのである。

その一端を知る意味でも、乞食《こじき》に対するニーチェの態度は興味深い。


乞食。——乞食は禁止すべきである。乞食にやるのは腹立たしいし、やらないのも腹立たしいからである。

(『曙光』)

だが、乞食どもは、残らず追い払うべきであろう！　まことに、彼らに与えるのも腹立たしく、また彼らに与えないのも腹立たしい。

（『ツァラトゥストラ』第二部「同情深い者たちについて」）

右のアフォリズムを注意深く読めば、ニーチェが単に乞食を蹴散《けち》らしたいのでないことがわかる。彼は、「乞食にやらないのも腹立たしい」のである。

つまり、彼はきわめて繊細な神経の持ち主なので、平然と乞食を無視して通り過ぎることはできず、乞食に金を与えないと後味が悪いのだ。乞食の傲慢きわまりない要求には反吐《へど》が出そうだが、それを拒否することも後ろめたいのである。

乞食が自分に当然のごとく金を要求するから「腹立たしい」のではなく、乞食が日ごろ鎧《よろい》のうちに圧《お》し隠していた自分の「優しさ」をむき出しにし、それを直視せざるをえない目にあわせているから「腹立たしい」のである。

同情に対するニーチェの嫌悪感は、異様なほどであるが、乞食に対する彼の煮え切らない態度のうちに、その秘密の一端が隠されているように思われる。

ニーチェが同情をこれまでも敵視したのは、彼自身のうちに他人に同情しやすい性質を認めているからではないか？　同情を求める者を無視できず、ともすると同情を求めるおびただしい視線によってずたずたになるような性質の男だからではないか？
表面的には、ニーチェは同情を安易に求める者を足蹴《あしげ》にしているようだが、じつは彼らの人間としての誇りを大切にしたいのである。他人にすがりつかないで、自分の足でしっかり立ってもらいたいのだ。これこそ、まさに「愛」である。しかも、弱者を切り捨てる傲慢不《ふ》遜《そん》な愛ではなくて、弱者に優しい視線を注ぐ愛である。
とりわけ、次の箇所でわれわれはツァラトゥストラに託したニーチェの優しさに、気弱さに、戸惑ってしまう。

私が同情深くあらざるをえない場合にも、私はそういう者であると称されたくない。かくて、私がそういうものであるときには、遠くからそうでありたい。じっさい、私は、まだ知られていないうちに、頭を覆い隠して逃げ去りたい。

（『ツァラトゥストラ』第二部「同情深い者たちについて」）

彼（ツァラトゥストラに託したニーチェ）は、同情せざるをえない場合（それを振り払えないことが気弱さを示しているのだが）、同情を寄せた者が眼を上げて、「ああ、あの人が助けてくれたのだ！」と知られる前に、「頭を覆い隠して逃げ去りたい」のであるから、なんと優しいことであろう。

私の眼の涙と私の心の産毛とは、どこへ行ってしまったのか？　おお、すべての贈与する者たちの孤独よ！

（『ツァラトゥストラ』第二部「夜の歌」）

何の躊躇《ちゅうちょ》もせずに贈与（同情）を受けようとする者に対面すると、ツァラトゥストラは、以前はその哀しさに涙が溢《あふ》れ、私の繊細な心（産毛）は震えが止まらなかったが、いまやいたるところ厚顔無恥にも贈与を要求する輩《やから》ばかりで、もはや涙も涸《か》れはて心の動揺もなくなった、というのであるから、なんと優しいことであろう！

第六章　善人はルサンチマン（恨み）を抱く

道徳の起源

ニーチェの洞察が輝くところであるが、ある事柄が「道徳的に善い」ことを、（カントの言うように）理性に訴えて知らしめることはできない。人々を道徳的にするには、容赦なく鞭《むち》を当て力ずくで身体に叩《たた》き込むことが、すなわち非道徳的強制が必要なのである。

道徳的になるのは、――道徳的であるからではない！　――道徳に服従することは、君主に服従することと同じように、奴隷的でも、思い上がりでも、利己心でも、諦《あきら》めでも、陰鬱《いんうつ》な熱狂でも、無思慮でも、絶望の行為でもありうる。それ自体としては、それは道徳的なものではない。

（『曙光』）

こうした思想を表明するアフォリズムは、『権力への意志』の三〇五から三一一にかけて集められている。例えばこんなもの。

道徳的理想の勝利は、あらゆる勝利と同一の「非道徳的」手段によって、すなわち暴力、虚言、誹謗《ひぼう》によって獲得される。

善人とは、道徳的掟《おきて》をそのまま信じる人であるが、言い換えれば、こうした道徳の非道徳的起源に眼をつぶることのできる輩《やから》である。自分が属する共同体の色調が自分にとっての完全な「保護色」なのだから、どのようにして個々の社会的掟が生じたのか、まるで関心が向かないのだ。

キリスト教の歴史は、このことをこれ以上ないほど鮮やかに示している。「善いこと」は、圧倒的な軍事力に支えられて、大量殺戮《さつりく》と背中合わせに実現されてきたのだ。よって、当時においては例外的なことに、ニーチェはずばりこう言うことになる。

遠慮せずに言おう！　十字軍とは——高等海賊、それ以上の何ものでもない！

（『反キリスト者』）

多くの日本人は、六〇年前にこのことを痛いほど体験したではないか！　マッカーサーによる占領時代、（彼らが考える）「善いこと」はけっして道徳的にわが国にもたらされたのではない。「自由」はわれわれが自由に勝ち得たのではなく、「平等」は平等にわれわれに与えられたわけではない。「民主主義」は民主的に実現されたのではなく、平和化は平和的になされたのではない。

すべてが、一方的に、威嚇《いかく》的に、暴力的に、われわれ日本国民に押し付けられたのである。

ニーチェとルサンチマン

前章で確認したように、ニーチェの「強さ」は人工的な建造物である。彼は人並み以上に弱さに流れていく男である。いかに強さを賛美し、弱さをけなしても、自分自身の弱さを根絶することはできなかった。それに対する怨念《おんねん》とも言える苛立《いらだ》ちがあった。炸裂《さくれつ》する彼の言葉は、本来の弱い自分を無理やり調教して強くしようとする痛々しさに満ちている。精神病理学者レインの言葉を使えば、「引き裂かれた自己」が発する悲鳴である。

ニーチェがもっと他人と愛し信頼し合う関係に入れたら、——という仮定が無意味であることは承知のうえだが（なぜなら、それはニーチェではないから）——、彼は自分の弱さを正視してそれをゆっくり開花させたかもしれない。

多少太り気味で動作は鈍く、ほとんど失明の危険のあるほどの近視で分厚い眼鏡をかけ、さまざまな友人と「永遠の友情」を求めてもかなえられず、女性からは（男として）見向きもされず、売春宿でしか性を満足させられず、しかもその結果、梅毒に感染してしまう。

二四歳でバーゼル大学の教授に招聘《しょうへい》されながら、学会の掟を無視した処女作を発表することによって、学会から「永久追放」に近い扱いを受け、大学教師としての職もまっとうできず、しかも若いころは癲癇《てんかん》発作に苦しめられ、永遠に続くかと思われる頭痛、それに進行性梅毒によるからだの変調、そして何よりも狂気に対する恐れ……。

ニーチェは、これだけ不幸を背負った男もいないと思われるくらい不幸なのだ。しかし、彼はなんとしてでもこれをプラスに持っていきたい。それには、技巧的な企《たくら》みしかない！

つくづく思うに、彼があれほど嫌悪したユダヤ＝キリスト教の「企み」をニーチェほど模倣している者はいないように思われる。彼は、ユダヤ＝キリスト教から、とりわけパウロから、すべてのマイナスをプラスに転換する狡猾《こうかつ》な企みを学んだ。

自分を蝕《むしば》む幾重もの不幸、それをプラスに転ずるには、ユダヤ人が思いついたように、善悪の座標系を変えればいいのだ。世間で「悪い」とされているすべては、魔法の杖《つえ》によって、「善い」に転じうるのである。

ユダヤ＝キリスト教による世界支配の動力となっている「ルサンチマン」（怨恨《えんこん》）は、ニーチェ自身の生きる動力でもある。ニーチェほどルサンチマンの強い哲学者はいない。彼の人生はルサンチマン一色に塗り込められている。だからこそ、彼はルサンチマンをよく理解しえるのであり、その卑劣さをよく実感できるのである。身震いするほど嫌悪しえるのである。

ニーチェの抱くルサンチマンは、トニオ・クレーガーが自分の知的優越感に支えられて（ハンスやインゲのような）幸福で単純な人々に対して抱く余裕のあるルサンチマンではなく、強く賢く美しく魅力的な男たちに対するストレートなルサンチマンなのだ。

ニーチェは、自分がそうした選ばれた男たちの一人でないことを骨の髄まで知っていた。

あまりにも単純な学者批判

とくに彼の学者を批判する言葉は、そのすべてがルサンチマンの響きに満ちているほど純情である。

ただ、願わくは、私の兄弟たちよ、イヌたちを脅して彼の身辺から追い払え、忍び足で歩くあの怠惰なイヌたちを、またいっさいの群がるウジ虫を、——「教養ある者たち」という名のいっさいの群がるウジ虫を。こういうウジ虫は、あらゆる英雄の汗を——楽しむのだ!

（『ツァラトゥストラ』第三部「新旧の諸板について」）

この単純きわまりない「教養ある者」すなわち学者批判は、どうであろう！　耳を澄ますと、畜群批判とは明らかに違うルサンチマンの響きがする。英雄とはホメロスであり、アレクサンダーであり、ゲーテであり、学者たちはこれら英雄の死体に湧くウジ虫である。ウジ虫が生きるためには、研究の対象たる死体が必要なのであるから。

寄生虫、これは虫けら、這《は》いつくばう虫けらで、きみたちの病んで傷ついた隅々に巣食って太ろうとするのだ。そして、もろもろの登りいく魂の疲れている箇所を察知すること、これが寄生虫の技術である。きみたちの怨恨と不満の中、きみたちの敏感な羞恥《しゅうち》の中に、寄生虫はその吐き気を催させるような巣を作るのだ。強い者の弱い箇所、高貴な者のあまりにも柔和な箇所、――その中へ寄生虫はその吐き気を催させるような巣を作る。偉大な者の、小さな、傷ついた隅々に、寄生虫は住んでいるのだ。

（『ツァラトゥストラ』第三部「新旧の諸板について」）

学者は、いかなる英雄に関しても何らかの「問題」を提示しなければならない。つまり、英雄の「病んで傷ついた隅々に巣食って太ろうとする」わけである。だから、論文の種になる場所、「もろもろの登りいく魂の疲れている箇所を察知すること、これが寄生虫の技術である」ことになる。

それにしても、ニーチェはなんと学者たちの生態に通暁していることか！　なんと巧みな言葉でその卑劣さをグサリと表現することができることであろうか！

ニーチェは、彼を非難し離れていった学者たちを、確かにウジ虫や寄生虫と感じていたであろう。だが、ウジ虫や寄生虫なら、全身で軽蔑《けいべつ》して放っておけばいい、離れればいいではないか？　あとあとまで全身をかきむしるような学者に対するこの嫌悪感の正体は何であろう？

それは、疑いなく自分もまた彼らと同類だからであり、さらに――自分を捨ててレーと逃亡したルー・ザロメの場合にも見たように――けっして表だって戦わない（戦えない）臆《おく》病《びょう》で卑劣な自分自身に対するいら立ちなのではないだろうか？

身を挺して戦わない男

ここで銘記すべきことは、学生時代のニーチェには古典文献学の学者になることにいささかも迷いがなかったことである。教授にも評価され、自分のうちに漲《みなぎ》る才能を感じていたであろう。そして、それを証拠立てるように、二四歳でバーゼル大学の教授という幸運なスタートを切った。このことを彼は後々まで誇りにしている。

また、ブルクハルトやストリンドベリなど、本物の知識人には、いとも単純に脱帽している。ニーチェは学者嫌いどころではないのだ。

だからこそ、就任から三年後に出版した『悲劇の誕生』において、古典学者にはあるまじき「勇み足」として学会から総スカンを食らったことは、まったくの誤算であった。

この書にたいするヒステリックな反応には背景がある（このいきさつについては、西尾幹二『ニーチェ』（第二部）ちくま学芸文庫に詳しい）。

若い（ドクターさえ取っていない）ニーチェをバーゼル大学に大抜擢《ばってき》したのは、恩師のリッチェルであるが、彼はボン大学で同僚のヤーンに大学人事に関して屈辱的思いをさせられ、それに抗議してライプツィヒに移った（よってニーチェもライプツィヒに籍を移した）。

彼はニーチェを高く評価したが、適格のあるヤーンの弟子たちを飛び越して自分の愛《まな》弟子を抜擢したことは、ヤーンに対する復讐《ふくしゅう》という意味も込められている。しかも、政治オンチのニーチェは『悲劇の誕生』において、間接的にヤーンを嘲笑《ちょうしょう》する文章を差し挟んだのである。

こうした状況において生まれた『悲劇の誕生』は、まず学会における完全な無視という仕打ちを受け（恩師リッチェルさえ！）、四ヵ月後にヤーンの第一弟子ヴィラモーヴィッツによる徹底的な攻撃を受けた。

だが、――これはきわめて重要なことだが――ニーチェは打ちひしがれながらも、いかなる形においても表立った反論をしなかった。ローデはじめ周囲の者がいらいらするほど平然として「奴らはわかっていないんだから」という態度をとり続けた。

この思いがけない仕打ちは、全身がずきずき痛むほど大きかった。恩師リッチェルさえはっきり自分の側についてくれない。当時のニーチェは、頭脳が麻痺《まひ》し、判断を停止し、唖然《あぜん》とし途方にくれていたのではないか？ いま自分の周囲で波立っている「これ」は何であろう？ 何かの間違いではないか？

だが、次第に（数年も経ってから）すっかり霧が晴れ、醜悪な光景が見えてきた。このすべては、卑劣な学者どもの卑劣な策略のせいである！ 断じて許せない！ 死ぬまで呪ってやる！

典型的な「弱い」そして「鈍い」男の反応である。あえて言えば「女々しい」反応である。

負け犬の遠吠え？

ニーチェの学者に対する罵詈《ばり》雑言は、初期の『哲学者の書』から『ツァラトゥストラ』まで続く。とくに『ツァラトゥストラ』第二部の「学者たちについて」という節において、ニーチェは文献学者の醜悪な生態をえんえんと描き出している。ちょっと長いが引用してみる。

彼らが賢者ぶると、私は彼らのもろもろの卑小な箴言《しんげん》や真理に寒気を覚える。しばしば彼らの知恵には、あたかもその知恵が泥沼から由来するものであるかのように、ある悪臭が付着しているのだ。そして、まことに、私はカエルがこの知恵の中からがあがあ鳴いているのを聞いたことさえあるのだ！

彼らは老練である。彼らは賢い指を持っているのだ。彼らの複雑さにかかっては、私の単純さなど、何になろう！　彼らの指は、あらゆる縫い方、編み方、織り方を心得ている。

こうして、彼らは精神の靴下を製造するのだ！

彼らはできのよい時計仕掛けである。ただ、彼らのゼンマイを正しく巻いてやるよう、心を配りさえすればよいのだ！　そうすれば、彼らは忠実に時刻を示しつつ、ある控えめな騒音を立てる。

製粉機や擣砕《とうさい》機のように、彼らは働く。彼らにわれわれの収穫した穀粒を投げ入れてやりさえすればよいのだ！　——穀物を細かに碾《ひ》き砕き、それを白い粉末にするすべを彼らはちゃんと心得ている。

彼らは互いによく監視し合い、相手をあまり信頼しない。もろもろの卑小な術策にかけては創意に富む彼らは麻痺した足で歩むがごとき知識の持ち主たちを待ちもうける、——クモのように。

私は彼らが常に用心深く毒を調製するのを見た。そのさい常に彼らはその指にガラスの手袋をはめていた。
彼らはまた、いかさまサイコロでばくちをする術をも心得ている。事実、私はばくちをしながら汗をかくほど、彼らがそれに熱中しているのを見かけた。

どうであろうか？　ニーチェは自分から去っていった友人たち（ワグナーを含めて）に対しては、もっと含蓄のある「大人の」批判をしている。だが、この学者批判はまさに「2ちゃんねる」級の下品さ、低俗さではないか！

確かに、当時の大学の古典語の教授連にはこうした傾向が強かったであろう。とはいえ、こうした下品な罵倒《ばとう》の羅列だけでは、バーゼル大学からそして学会からつまはじきにされた「負け犬の遠吠《ぼ》え」のように聞こえてしまう。

ニーチェはそう「聞こえてしまう」ことが、その言葉から著しく力を削《そ》ぎ落とすことを知らなかったのであろうか？　知らなかったとすれば、物書きとして恐ろしく単純であり未熟であり無知である。

ニーチェは、「俺は負けない」という宣言がかえってみずからの負けを示すことになる人間心理の力学を知らない。みずからを高めることが最も低めることになるという残酷な効果を考えない。あまりにも単純な他人攻撃であり、その背後に隠れているあまりにも手放しの自己賛美である。

若いころ、こうしたニーチェの単純さ（それは頭の悪さと言ってもいい）が耐えがたかった。他人に向かう刃がぐるりと回転して自分に向かっていることに気づかないその鈍感さ（「自分は偉いのだ！」とひたすら叫ぶ男の愚かさと言ってもいい）がみじめでさもしい、そう思った。

カエルの遠近法

ニーチェにとって唯一の救済であったのは、トリプシェンのワグナー、コジマ、およびその取り巻き連中が『悲劇の誕生』を一応賞賛してくれたことである。これは、当時のニーチェの四面楚歌《そか》的状況を考えると、まさにすがりつきたいような気持ちであったろう。やはり自分は正しかった。あの天才ワグナーが、じきじきに認めてくれたのだから。そして、やはり自分を蹴落とした大学人どもは間違っていた、いや安全無害で無能な者どもであった。そして、自分は奴らとは人間の格が違う「高等な人間」なのだ。

こういう都合のいい図式が、彼のうちでみるみる結晶化していった。かつて自分を貶《おとし》めた学者連中はカエルなのだ。彼らの視界の構造は「恐らく片隅からの遠近法、ことによったら下から見上げての遠近法、つまり画家たちに熟知の表現を借りて言えば〈カエルの遠近法〉

なのではないのか?」(『善悪の彼岸』)

彼らは、ニーチェがあまりにも「上」にいるので、耐えられないのである。

かくて、私が彼らのところに住んでいたとき、私は彼らの上に住んだ。それがもとで、彼らは私を恨むようになった。誰かが自分たちの頭上を歩む足音を聞くなどということは、彼らの断じて欲せざるところである。そこで彼らは、私と彼らとのあいだに木材と土壌と汚物〔という防音壁〕を置いた。

『ツァラトゥストラ』第二部(「学者たちについて」)

こうして、ニーチェは『悲劇の誕生』出版にまつわる屈辱のショックから立ち直れないまま、大学に辞表を提示したが受理されず、病気で講義も休みがちであり、その七年後に退職する。彼は一〇年以上も経って当時の屈辱的思いを自著『ツァラトゥストラ』の中で次のような暗号のような表現によって、怒りを露《あら》わにしている。

そして、私が私の最も神聖なものまでも犠牲に捧《ささ》げたとき、すぐさま、それに付け加えて、きみたちの「敬虔《けいけん》さ」はその何とも脂っこい供物の数々を供えた。そこで、私の最も神聖なものまで

もが、きみたちの脂肪の蒸気にむせたのだ。

（『ツァラトゥストラ』第二部「墓の歌」）

この箇所は、『聖書』「創世記」におけるカインとアベルの話が下敷きになっている。カインは神に穀物をささげ、弟のアベルは動物を捧げた。神はアベルの捧げ物を好み、カインの捧げ物を嫌った。そこで、カインは嫉妬《しっと》のあまりアベルを殺してしまった。

ニーチェはカインであり、他の文献学者たちはアベルである。ニーチェは『悲劇の誕生』という「最も神聖なもの」を捧げたが、他の文献学者たちは落ち度のない平板なギリシャ研究を捧げた。そして、神（主任教授、学会の長老）は、ニーチェの魂の叫びのような捧げ物を嫌い、（アベルの捧げ物に似た）学会の時流に合わせた月並みな「脂っこい供物」を喜んだ。

なかなか巧みな比喩《ひゆ》であるが、絶対にこうした仕方では屈辱的思いは晴れない。本人に面と向かって抗議すること、あるいは（キルケゴールが実践したように）公開の紙上で堂々と対決することこそ、真に男らしい戦士の態度である。

そうしなかったニーチェは、何と言おうと、自分の負けを認めたのである。さらに穿《うが》って考えると、ニーチェは自分の中に依然として大学教授という職に対する渇望と尊敬があったのだから、これは勝てる見込みのない戦いだったとも言える。
狂気に陥った直後であるが、かつての同僚ブルクハルトに出した手紙は、あまりの「すなおさ」にほろりとしてしまう。

拝啓、結局、私は神であるよりは、はるかにバーゼル大学教授でありたいのです。

（一八八九年一月六日）

ニーチェはホモセクシャルか？

ニーチェは自分自身の「知性」には揺るぎない自信があったが、「強さ」や「美しさ」や「健康」が与えられていなかったことをよく自覚していたであろう。
つまり、——三島由紀夫《みしまゆきお》のように——自分の身体が自分の理想とはかけ離れていることを知っていたであろう。そして、それらを体現している者を尊敬もしていたであろう。
ニーチェはこうも言っている。

キケロはそれに関してその驚きを表しているのだが、アテナイにおいてはキケロの時代には、男や青年たちが美しさにおいては女たちをはるかに凌駕《りょうが》していた。

（『偶像の黄昏』）

ヨアヒム・ケーラーは、こうしたすべてからニーチェをホモセクシャルの方向に持っていこうとありったけの努力をしているが（『ニーチェ伝――ツァラトゥストラの秘密』青土社、五郎丸仁美《ごろうまるひとみ》訳）、どうもそれは「かんぐり」に終わりそうである。

青年のころから『饗宴《きょうえん》』を好んでいたからといって、何であろう？　このプラトン最高の傑作を好むからホモセクシャルであるとすれば、世のギリシャ哲学者のほとんどがホモセクシャルになってしまう。また、シシリア島を訪れ少年たちの美しい裸体に見入っていたというのも月並みな発想である。そんな美意識はいくらでもあるからである。

ワグナーに対する関係は、まさに恋愛そのものであった。しかし、これは完全にプラトニックなものと考えていい。ヨアヒム・ケーラーは、ニーチェにとってホモセクシャルの傾向を裏付ける証拠として、ライプツィヒ大学時代の美青年ローデとの濃厚な友情を引き合いに出している。だが、読みが浅いとはこのことである。

確かに、二人はまるで本物の恋人のように愛し合っていた。片時も離れていたくないほど、相手から離れると病気になるほど……。ニーチェがバーゼル大学教授に招聘されたとき、ローデは悲痛な「恋心」を告げている。ニーチェも、心の空虚を充たすため彼を呼び寄せようとした（うまくいかなかったが）。

しかし、総体的に見て、彼らのあいだには一滴の性的関係もなかったと見ていい。二人は、ホモセクシャルに対する強烈な嫌悪感の漂う文化圏の中にどっぷり浸かり、自分たちの英雄的戦士的友情を、そのような「劣情」で汚したくない、と思っていたふうである。

ローデばかりではない。後のレーやオーバーベック、ペーター・ガストなど（三人ともなかなかの美形である）ニーチェは男友達ともややもすると恋愛のような関係になってしまう。ニーチェは相手に「愛している」という言葉をたえず投げかけ、いつも一緒に旅行に出かけ、たえず相手を独り占めしたいと願い（ニーチェは「星の友情」と呼んでいたレーと五年間同居した）、相手が他の男女と親しくすることに猛烈に嫉妬し……しかし、相手に何の性欲も抱かないという関係であった。

深層心理学的には、ニーチェは相手の肉体を欲望しながら、それを「抑圧」していたのかもしれないが、それはしょせん一つの皮相な解釈に留《とど》まる。

ワグナーとの決別

ニーチェのセクシャリティーに関しては、彼はワグナー夫妻の俗悪趣味の犠牲になった、というヨアヒム・ケーラーの仮説は、はるかに信憑《しんぴょう》性があるように思われる。

三〇歳を過ぎたニーチェに女の影がまるでないので、ワグナー夫妻はニーチェは「オナニスト」ではないかと勘ぐった。「オナニスト」とは、当時犯罪とみなされていた「同性愛」を遂行する者という意味である。

そこでワグナーはコジマと示し合わせて、ニーチェに複数の女性を紹介して結婚させようとしたが、ニーチェはまったくその気がなかった。

そこで、疑いを濃くしたワグナーは、お抱えの医師でニーチェも時折診てもらっていた医師アイザーに、そのあたりをニーチェから探り出して自分に報告するように命じる。そして、アイザーは「その疑い濃厚なり」という報告書をワグナーに提出したのである。

それをあとで知ったニーチェは、激怒してワグナーとの交際を絶ち、それがこの直後からえんえんと続くニーチェのワグナー批判の主因をなしている、ワグナーの「俗物根性」の批判の要《かなめ》をなしているというわけだ。

しかし、ニーチェといえども、そのことを公の文書で告発することはできなかった。それは、かえって自分に被害が及ぶことを恐れたのかもしれないし、じつは「オナニスト」であるという自覚がわずかにあったのかもしれない。

ニーチェの行為を総体的に見て、彼はいわゆる同性愛者ではないであろう。「女嫌い」のほとんどは、同性愛者ではない。ふたたび定義の問題になるが、彼は、——ショーペンハウアーと同じく——女の精神性（の欠如）を激しく嫌悪し、女に対する性欲はかなり旺盛《おうせい》であった。

とすると、その精神の劣等な女を欲望する自分を嫌悪するわけであるが、そうはならずに、古典的女蔑視《べっし》そのままに、性的に自分を誘惑する女を恐怖しながら嫌悪するという形になるわけである。

ワグナーとの劇的出会いを考えると、彼が後にワグナーから離反していったのもわかろう。ニーチェはワグナーにまさに自分の救世主を求めた。だからこそ、少しの欠陥も許しがたくなってくるであろう。

とりわけ、彼はワグナーが生涯の夢をかけたバイロイト祝典歌劇場に激しい幻滅を覚えた。

> 劇場など私に何のかかわりがあろうか？　民衆——そして「民衆」でない者などいようか！　——がそれで満足している劇場が与える「道徳的」法悦の痙攣《けいれん》など何のかかわりがあろう！　俳優の身振りの全奇術など何のかかわりがあろう！
>
> （『ニーチェ対ヴァーグナー』）

> 劇場において、人は、民衆、畜群、婦女子、パリサイ人、野次馬、保護者、白痴となり——ワグ

ナー主義者となる。

（同書）

バイロイトの祝典歌劇場の「真実」が明らかになるにつれ、ニーチェはその畜群相手の「劇場」という代物に大いなる反感を覚え、さらに並み居る王侯貴族に平身低頭して取り入るワグナーに俗悪の権化を見たのであろう。

だが、――穿ってみれば――同時にニーチェはこのときワグナーがトリプシェンで無二の友のように扱ってくれた自分に目もくれなかったことにも失望したのではないか？　捨てられた石のようにひとりうつむいて歌劇場を出るニーチェは、激しい屈辱感にまみれていたのである。

ニーチェは「他人に期待する者」に共通の残酷さと狭量さ（自分勝手さ）を有している。かつて自分が神のように仰ぎ見たワグナーはもういない。いまや、孤高なワグナーは民衆に取り入る道化師になってしまった！　ニーチェは、そんなワグナーを「捨てる」決心をした。

とはいえ、これは人間関係を「思想」のレベルでのみとらえようとするニーチェ研究者（そしてニーチェ自身）の錯覚であって、――先に見たように――ワグナーからの離反の「ほんとうの原因」は、ニーチェのセクシャリティーに関するワグナーの下劣な態度に対する怒りのゆえ、と考えるほうがずっと現実味があるように思う。

ワグナーとの決別によって、ニーチェは決定的に人間不信に陥った。同時期に、ローデ始め、友人たちが次々に結婚してしまい、ニーチェのほうから「身を引く」ようになった。あんなに好きだったレーもルー・ザロメとベルリンへ去っていった。

かつての友人たちも、ニーチェのうちにかつて見ていた天才的ひらめきが何やら不穏な雲によって侵されていることに気づいていた。もはやニーチェに「ついていけない」ものを感じていたであろう。

ローデは『善悪の彼岸』を読んだあとで、オーバーベックに宛てた手紙の中で、次のようにニーチェを徹底的に否定している。

私は大部分を非常な不満をもって読みました（中略）。何もかも嘔吐《おうと》を催すような厭《いや》な思いがしました。そのうちにある本来的に哲学的なものは、きわめて貧弱で幼稚であり、政治的なものはバカバカしくて世間知らずの見解です（中略）。すべてが勝手な思いつきです。私はもはやこの果てしない変態を真面目にとることができません（中略）。それは叡知《えいち》的ではありますが、本来的に欲するものに関して無能力であるような天性の表現です（中略）。このような天性が何の役にも立たないのは、理の当然だと思います（中略）。わけてもそれは不愉快であり、そして何よ

りも結局のところ、この単に共感するにすぎない精神によってところ嫌わず外を覗《のぞ》き見る不妊症による（中略）。著者の恐ろしい空虚さ（中略）。一度は真面目に職人のようにこつこつ働くことが彼にとって必要なことだと思います。

（ヤスパース、『ニーチェ』草薙正夫《くさなぎまさお》訳、理想社）

オーバーベックは、最後までニーチェから離れなかった。そして、ニーチェのもとには、忠実な召使のように、ペーター・ガストが残っていた。

エリーザベト・ニーチェ

ニーチェの人間性を探究するとき、その妹エリーザベトを登場させないわけにはいかない。ニーチェの父親は敬虔な牧師で、男の子にはバイエルン国王と同じフリードリッヒという名をつけ、その二年後に生まれた女の子をバイエルン王妃と同じエリーザベトと名づけた。

そのエリーザベトであるが、とくに兄が狂気に陥ってから死ぬまでの一〇年間「すばらしい」活躍をするのである。彼女は、子供のころの写真を見ると兄とよく似ており、美人ではないが小柄でかわいい感じの女性である（以下、主にベン・マッキンタイアー、『エリーザベト・ニーチェ』藤川芳朗《よしろう》、白水社による）。

三八歳にして、当時にしてはかなり晩婚であるが、ギムナジウム教授でゴリゴリの反ユダヤ主義者フォルスターと結婚する。ニーチェはその反ユダヤ主義を嫌って結婚式には参加しなかったという。フォルスターは反ユダヤ主義を実践するため、「ユダヤ人から一番遠い」南米のウルグアイに「ゲルマニア」という純粋ドイツ人の理想郷を建設しようとする。

それがみごとに失敗し、エリーザベトが帰国すると、兄に狂気が襲いつつあった。彼女は、兄を天才と信じて疑わず、彼を人目のつかぬ部屋に閉じ込めて、ペーター・ガストさえ遠ざけ、晩年のニーチェを独占的に「管理」したのである。

これまでの兄の著作で天才の傷のつく箇所はすべて削除し、これまでの兄の手紙をすべて取り戻し（コジマだけはそれを拒否したという）、兄に不利なところはことごとく改竄《かいざん》した。幼児が母親にすがるように背を丸めうつろな目でエリーザベトにすがりついているニーチェの写真が残されている。エリーザベトは兄の頭に頬ずりし背中をさすりながら、戦い抜いて発狂した兄を「天才」に仕立てあげる決意をしているようである。

こうしてニーチェの知らないところで、妹によって「天才」が構築されていった。その代表的成果が、彼女によって編纂《へんさん》され出版された『権力への意志』である。彼女はみずから兄の伝記を書き、当時のドイツ文学界の巨匠となり、二度もノーベル文学賞の対象になったというのだから驚きである。

彼女は、ヒトラーが政権を掌握してから積極的にヒトラーに近づき、ニーチェをゲーテと並ぶドイツ文化の象徴的存在に高めようと企てた。そして、ヒトラーから莫大《ばくだい》な資金を受けてワイマールにニーチェ記念館を建て、死ぬまで膨大な年金を受け取ったのである。

彼女の葬儀は、ヒトラーも参加する国葬のように華麗なものであった。

ドイツ語には „Doppelgänger“（ドッペルゲンガー）という言葉がある。いつも自分の傍らにいて、自分とともに歩んでいく者と言う意味であり、あえて訳せば第二の自分、自分の「片割れ」である。あるいは、ユングの言葉を使えば、自覚的な自分であるアニムスを補完する無自覚な自分としてのアニマに当たるのかもしれない。

妹エリーザベトの存在は、ニーチェのドッペルゲンガーとして見ると興味深い。彼女の行ったことは、ことごとくニーチェの美学に反するであろう。しかし、同時に彼自身望んでいたことでもあった、という気持ちを抑えることができない。

ニーチェは、学会からは追放され、著作もほとんど売れず、友もことごとく離れていき、孤独なさすらいの果てに狂気に陥って死んだ。これが、彼の晩年である。

だが、皮肉なことに、彼が狂気に陥ったがゆえに、そのドッペルゲンガー（としての妹）が、ひそかに病室から抜け出し、権力者に近寄り、権力者を手玉に取り、ワグナー顔負けの俗物的成功を勝ち得たのである。

晩年近く、あれほどドイツを嫌悪していたニーチェが、そのドッペルゲンガーによって「ドイツ文化の華」にされてしまったことは、単なる皮肉では済まない深い真実を語っているように思われる。

おわりに――ニーチェという善人

弱く傷つきやすいニーチェ

ニーチェという人間は、そしてその言葉はとびきり誠実であると思う。もっとも、その誠実さは、単純さと鈍感さに裏打ちされた誠実さであるが。

すなわち、人間一般を観察し分析し記述することに関しては神業のような技術を持ちながら、自分自身に関してはわずかにも正確に把握しえないといういびつな誠実さである。

こういう男は自分を永遠の被害者に拵《こしら》えあげる。社会的な訓練の完全に欠如した、しかもきわめて傷つきやすい、「純粋」を抱きかかえて自爆テロを試みようとする少年のような、無邪気で若々しい誠実さである。

相手構わず矢を放つニーチェは、徹底的に自分自身に対しては無防備であり、強がりを言っている少年のように、彼のあらゆる言動がそのまま自分の弱さを露呈してしまうのに、それに対するいかなる防御も講じないほど「すなお」である。

本来は人並み以上に弱い男が、精神の鍛錬を重ねて自己改造し強くなった、それがニーチェであり、だからこそ弱者＝善人をあれほどまでに嫌ったのだ、という推測を抑えることはできない。

弱さに少しでも傾くと自分があっという間に崩れてしまうことを知っていたからこそ、ニーチェは弱さをあれほど遠ざけた、とは言えないだろうか？　ニーチェこそ、たえず強がりを発していることによって、どうにか自分の中の弱さに対抗でき、言い換えれば、自分が抱える弱さに異様なほど怯《おび》え・恐れていたのではあるまいか？

あまりにも自己評価が高く、同時にほとんど他人から理解されないと自覚している男によく認められるが、彼は傲慢《ごうまん》の極致であると同時に自虐の極致を行く。

すべての書かれたもののうちで、私は人が自分の血でもって書いているものだけを愛する。

（『ツァラトゥストラ』第一部「読むことと書くことについて」）

「血」とは文字通りに解されるべきであり、人は自分の固有の肉体の内部（血）から言葉を発するべきだという抽象的な意味ではない。ニーチェはナイフで自分の肉体を刺しながら書いた。一種の自傷行為であり、彼はそうしなければ生きられなかったのである。

前から感じていたが、ニーチェの筆跡は、弱々しくて縮んでいる。ルー・ザロメによる彼の印象である。

彼は軽い笑い方をし、もの柔らかな話し方をした。またその歩き振りはいかにも注意深く、何かものを考えながら歩くふうであった。（中略）彼は日常生活においては非常に礼儀正しく、ほとんど女のように優しく、常に温かい平静な心を失わなかった。――彼は上品な交際の仕方を好んだ（中略）しかし、そのうちには一種の気取りの好みがあった。

（ヤスパース、前掲書）

そのほか、（ヤスパースの孫引きで恐縮であるが）「ニーチェはけっして人の感情を害したりなんかしない性質であった」とか「彼が不親切であったり激昂《げきこう》したりしたことはなかった」とか「彼の態度は控え目であるばかりではなく謙虚であった」という証言ばかりである。

現実のニーチェは、ツァラトゥストラの猛々《たけだけ》しい叫び声とは裏腹に、穏やかで、控え目で、品行方正な、むしろ――ルー・ザロメの証言が正しければ――「女のように優し」かったのである。

卑小な人間たちへの興味

『人間的、あまりに人間的』は、ニーチェの人間観察の繊細さが「これでもか」というほどに展示されている。それは、超人とは限りなく隔たった卑小な人間たちへの興味である。すなわち、虚栄心で張り裂けそうであり、他人との交際によって傷だらけになり、……という人間たちにニーチェは批判の矛先を向けるのであるが、それは自分自身のうちなる卑小さや俗物性にほかならないように思われる。

行き違う虚栄心。――虚栄心が同じくらい大きい二人の人物が出会うと、彼らはあとで互いによくない印象を受けている、どちらも自分が相手に与えたかった印象に気をとられていたので、相手は自分に何の印象も与えなかったからである、結局両者とも自分の苦心が失敗であったのに気づき、そのつど相手に責めをなすりつける。

あまりに近く。――あまりに近く人と一緒に暮らすと、立派な銅版画を繰り返しむき出しの指でつかむときのような具合になる、いつかわれわれの手にしているのは粗悪な汚れた紙で、もうそれ以上の何ものでもない。人間の魂もまたたえず触れられていると、ついにはすり減らされてしまう、少なくとも、ついにはそう見える――もとの輪郭や美しさは二度と見られない。――女たちや友人たちとあまりに馴れ馴れしく交際すると、いつも損失がある、そして時としてそのさい自分の生涯の真珠を失うことがある。

生まれつき高貴な人間は、人間の卑小さをこれほど観察しない。これほど興味を持たない。ニーチェが卑小な人間にこれほどまでいら立つのは、彼らと共通の卑小さを自分のうちに認めているからであろう。少なくとも、それをやっと克服したからであろう。

発狂の八日前であることを考慮しても、次のような文章を書くニーチェはそれこそ虚栄心の肥大した俗物の権化ではないか！

近ごろ、ぼくはいまだその例を見ずといった仕方で有名になりはじめています。ぼくはまことに選り抜きの知識人たちや高い職務と地位の人格者たちからのみ手紙を受け取りましたが、こういう手紙をもらった人はまだこの世にいなかったのではないかと思っています。至るところから来るのです。聖ペテルスブルクの上流社会の人々からは申すにおよばず、フランス人からもです！テーヌ氏が書いて寄こした語調をあなたに聞かせてあげたいものです！

（メータ・フォン・ザーリス宛、一八八八年一二月二九日）

優越者への卑劣な態度

ニーチェは猛烈な自尊心があるようでいて、ない。先の手紙にも表れているように、真の強者に全身全霊を捧《ささ》げてひれ伏すところがある。彼らとの交際をいじましいほど「誇る」ところがある。

そして、「あとで」行き過ぎた自分の卑劣な態度をはげしく後悔し、それを当の相手にぶつけて相手をこき下ろすのだ。まさに弱者に典型的な行動パターンである。

若いころは、友人に対しても同様であった。

私は、きみたちに友人と友人の充《み》ち溢《あふ》れる心を教える。だが、もろもろの充ち溢れる心によって愛されたいのであれば、一個の海綿である術を心得ていなくてはならない。

（『ツァラトゥストラ』第一部「隣人愛について」）

ニーチェは、ローデの才能は自分より「下に」見ていたが、ワグナーは遥か高みに聳《そび》え立つ峰であり、その場合、自分を相手に完全に明け渡し、まさに「海綿」になって卑劣なほど相手（の才能）を吸収することに夢中になる。

そして、満ち足りたとき、彼は（何度も出して恐縮であるが）まるで「2ちゃんねる」愛好者のように、突如ベクトルを逆転させ、「騙《だま》された！」と叫んで相手を罵倒《ばとう》しにかかるのだ。

そのほか、友人とは言えないが、ルターやショーペンハウアーなど、一度心酔した者を、あとで必死になってこき下ろすことも稀《まれ》ではない。そこには、一時的にせよ相手にえげつないほど夢中になった自分自身に対する憤りもあろう。そこを不透明なままに留《とど》めたまま、持ち上げた分だけ相手を引き下げに掛かるのであるから、すべてが「ニーチェ」という個室における完全なひとり相撲である。

『善悪の彼岸』の第四章にちりばめられたアフォリズムも、優越者に平身低頭していた自分へのいらだちとして読むのが一番わかりやすい。二つほど挙げてみる。

人は相手を軽視している限り憎むことはない。相手を同等もしくは一段優れたものと認めたときに、初めて憎む。

ニーチェが「同等もしくは一段優れたものと認めた」相手とは、ワグナーである。彼ははじめワグナーを崇拝し、後にからだの底から憎んだ。なぜなら、ニーチェはワグナーを——その俗物性に嫌気がさしたとはいえ——自分より「一段優れたもの」と認めざるをえなかったからである。

優越者になれなれしくされるのは、しゃくに障るものである。それに応じた振舞いをすることは許されないからだ。

若いニーチェは優越者ワグナーから思いがけず「なれなれしくされ」た。彼は天にも昇る気持ちでそれを受け止めた。ワグナーに同じように、「なれなれしく」しようとしてもそうできず、しゃちこばっているほかなかった。そして、そういう自分が「しゃくに障る」のである。

こうした力学を明晰《めいせき》な意識の光のもとに照らし出さずに、ショーペンハウアーやワグナーを足蹴《あしげ》にしているニーチェは幼く弱く愚かであると思う。

なお、ヨアヒム・ケーラーは、次のような事実を書き記している。

ワグナー家は、その当時すでにニーチェにニックネームを進呈していた。（中略）その場にいなかった友人ニーチェはそれ以来「大学生アンゼルムス」と呼ばれる羽目になった。この名前には、ニーチェを物笑いの種にする不名誉な意味が隠されていた。「角という角、端という端にぶつかってしまう」不器用な人――いらいらさせる人という意味である。

（ヨアヒム・ケーラー、前掲書）

この事実に――先に見たように――ニーチェがワグナーからもコジマからも「オナニスト」の疑いをかけられていたということを重ね合わせると、彼がワグナー家で具体的にどう見られていたか、目に浮かぶようである。

対当な人間関係を結べない

こうして、最終的にワグナーにも見切りをつけた（つけられた？）ニーチェは、自分を理解してくれる者が誰もいないという絶対的孤独状態に陥る。それは、自分が太陽のようにあまりにも高いところに達したからではないのか？

おお、すべての贈与する者たちの、この上なき不幸よ！　おお、すべての照らす者たちの寡黙よ！

（『ツァラトゥストラ』第二部「夜の歌」）

だが、ニーチェはツァラトゥストラではない。ニーチェの孤独は彼の人格障害に起因する。

彼は、自分より弱い者とも自分より強い者ともうまく付き合えない男なのであり、といって自分と対等な者は見渡してもいないとなると、彼は必然的に孤立するほかないのだ。ヤスパースは、ニーチェの友人関係を医者の立場から冷静に観察している。

ニーチェは、並外れて親切で、人に協調し、人をよく助けようとし、人並み外れて究極的に人の助けになった。しかし、彼が自分や他人を愛するのは、いつも単に自分の財産の容器としてのみそうであるかのように思われる。彼には、ひとりの人間へのほんとうの献身というものは欠けている。彼は愛に憧《あこが》れるけれど、愛の実現の条件である根源的に魂そのものを傾注するという一点を欠いている。

（ヤスパース、前掲書）

ニーチェは、――幸運なことに――、若いころ彼のメガネにかなった友人を幾人も持ったが、それは自分の理想というヴェールに包まれた相手であって、相手自身を「見て」いなかった。いつもニーチェが相手に惹《ひ》かれ、いつもニーチェが相手に失望するのだった。彼はいつも理想と現実のあいだの隔たりに苦しんだ。いつも、ニーチェのひとり相撲であり、相手は困惑するしかなかった。自分の視点「から」しか世界を見ることができない男なのだ。

ルー・ザロメの場合も、相手の気持ちをいっさい考えずに結婚を申し込んでしまう。彼はあれほど人間一般をよく観察していながら、眼前の人間がいま何を考え、何を感じ、何を意欲しているかわからない。相手の視点「から」ものごとを見ることが絶望的にできない男なのだ。

しかし、ニーチェの一途《いちず》さは、周囲の者に何らかの感動を与えたのであろう。みな、そうしたニーチェを気遣い、いたわり、同情さえしているふうである。

穿《うが》った見方をすれば、眼前の他人には鈍感だが、他人が自分をどう見ているかにはきわめて敏感なニーチェは、自分に向けられる周囲の人間たちの同情を全身で感じて、その傲慢《ごうまん》さ、残酷さ、鈍感さに辟易《へきえき》し、あれほどの同情嫌悪症に陥ったのかもしれない。

彼の人間関係を象徴的に表すのだが、ニーチェは友人が結婚してしまうと、その男とは以後うまく付き合うことができない。その瞬間に、絶交状態に陥ってしまうのである。ニーチェは相手を独占したい欲望の強い男であるから、相手を第三者（その妻）と「共有」することができないのであろう。

以上の文脈において、前（一一一ページ）に掲げた所だが次の文章を眺めると、女とは「妊娠」を求めて、すなわちセックスを介して、ニーチェから友人を奪ってしまう敵対者であるという「被害者意識」も読み取れるのではあるまいか？

女におけるいっさいは謎であり、そして女におけるいっさいは一つの解決を持つ。それはつまり妊娠だ。男は女にとって一つの手段である。目的は常に子供なのだ。

（『ツァラトゥストラ』第一部「老若の女どもについて」）

彼の女性憎悪は二重構造をしている。一つは、自分自身が女から愛されなかったがゆえに。そして、もう一つは、女は自分の友人たちを奪っていったがゆえに。

「悪意」のせい？

興味深いことに、ニーチェは（彼の自己意識においては）次々にこれほどまでに他人に痛めつけられたのに、その他人に直接怒りを向けることはない。彼らもまたそのからだに宿ってしまった「悪意」の犠牲者なのだから。

おまえたち、私の希望の数々を歌った鳥たちよ！　そうだ、おまえたち〔青春の美しい思い出〕をねらって、おまえたち最愛の者たちよ、悪意は絶えず矢を射たのだ――私の心臓に射当てるべ

く！　そして、悪意は射当てたのだ！

（中略）

きみたち〔悪意〕はいっさいの人殺しよりも悪いことを私になした。きみたちは私から取り返しのつかないものを奪った。——このように私はきみたちに向かって述べるのだ、私の敵たちよ！

（『ツァラトゥストラ』第二部「墓の歌」）

かつて神のように賛美していたワグナーが、卑俗な道化師に化したのも悪意のせいなのである。

かくて、いまや彼は一曲のぞっとするような重苦しい歌曲を歌い始めた。ああ、彼は私の耳に向かって、さながら陰気な角笛のように単調な響きを発したのだ！殺人的な歌い手よ、悪意の道具よ、こよなく無邪気な者よ！

（『ツァラトゥストラ』第二部「墓の歌」）

この嘆息は、痛々しい。友人や恋する女たちが、ことごとく自分から離れていったことをニーチェは「悪意」のせいと解釈し、その悪意を全身で憎むことによって相手を憎むことを控えようとするのだから。そして、よろめく足取りで、どうにか生き抜こうとするのだから。なんと優しく、気弱なことであろう！

「ぼくは偉いのだ！」

ニーチェ晩年（といっても四〇代であるが）の書簡は、いかに自分が「偉いか」ということの確認が飽きもせずに執拗《しつよう》に繰り返される。こうした態度も、私には不可解なほど「すなお」に見えてしまう。正真正銘の善人に思われてしまう。

コペンハーゲンにおけるゲオルク・ブランデス博士の輝かしい成功のことは、たぶんお話したことでしょうが、私につきましてのかなり長期の連続講義に三〇〇人を超える聴講者があり、大喝《かっ》采《さい》のうちに終わったのです。私の名前はいまやコペンハーゲンの全知識層のあいだに拡まり、スカンジナヴィア全域に知られたとのこと、そうブランデス博士が手紙をくれました。私の著作につきまして英語のエッセイが一つニューヨークで出る見込みがついたのです。

（カール・フクス宛、一八八八年七月二九日）

最近受け取った出版社からの報告で、ぼくはこのワーグナーに反駁するぼくの著述（『ワーグナ

ーの場合、音楽家の問題』」（中略）が、当然のこと何やらセンセーションを捲《ま》き起こすものと見て取ったのだ。書籍業界新聞の仮の報告によっただけでも、発行部数千部は売り切れと予想されるほどの注文が来ているのだ。

（パウル・ドイセン宛、一八八八年九月一四日）

そのころのニーチェの著作は数十部、多くて一〇〇部売れただけであるから、初版一〇〇〇部が売れる見込みに喜ぶのもわからないことはない。だが、同じ著作に関する次の手紙はどうであろう！　正直、その手放しの自画自賛には辟易としてくる。

これより急進的なものは考えられないほどの、美学上の宣戦布告でありますこの著作は、大変な衝撃を与えるもののように思われます。出版社の書いてきましたところによりますと、この問題につきまして、そしてこの意味で出された出版間際の私の著作の一番最初の広告で、たくさんの注文が殺到し、その結果、発行部数は全部売り切れとみなすことができるとのことです。

（マルヴィータ・フォン・マイゼンブーク宛、一八八八年一〇月四日）

そして、その一ヵ月後の手紙になると、自著の出版に対する絶対的自信（？）のうちに異様な響きを聞き届けるのは難しいことではない。

ぼくは人間というよりはダイナマイトだ。「アンチクリスト」という標題をつけたぼくの「いっさいの価値の価値転換」が完成したのだ。次の二年間にこの著作を七カ国語に翻訳させるために前進せねばならない。どの国語でも初版はおよそ一〇〇万部だ。

（パウル・ドイセン宛、一八八八年一一月二六日）

ニーチェは同じ内容の手紙を複数の人に出し、実際にストリンドベリやテーヌに（本書に限らないが）自著の翻訳を依頼した（いずれからも断られたが）。こうした言動に出るニーチェは、もはや彼を抑えつけていた重石がことごとく除去され、文字通りダイナマイトが炸《さく》裂《れつ》した感じである。もはや正気とは言えないであろう。

なかんずく、母親に対する手紙は、親の期待に応《こた》えようとする息子が悲鳴を上げている。基本的には先に掲げたメータ・フォン・ザーリス宛の手紙と同じ内容であるが、母親に宛てては自分の「偉さ」を告げる口調がもっと昂《こう》じている。

結局、お母さんの老いぼれ息子は、いまでは恐ろしく高名な一匹の獣になってしまいました。そ

れが単にドイツだけのことではないのです、（中略）――そのほかいたるところでぼくは有名な獣になっています。ぼくを崇拝してくれるのは選り抜きの人たちばかりです。それに高い地位についている勢力のある人たちばかりで、聖ペテルスブルク、パリ、ストックホルム、ウィーン、ニューヨークにいます。こうした一流の人物たちが彼らの忠誠心をどのようにぼくに表現しているものか、お母さんに知っていただけたらと思っています。（中略）崇拝者たちの中には本当の天才もいます。多大の栄誉と畏敬《いけい》をもって取り扱われている名前は、今日のところぼくの名前のほかはありません。――ねえ、お母さん、これは手品というものです、

（一八八八年一二月二一日）

このすべてが嘘であるわけではない。彼を賞賛する手紙や講演がポツポツ出てきたという事実に基づいている。しかし、母親を喜ばせようとする「ぼくは有名だ！」という叫び声は、嫌悪感を通り越して悲しみさえ誘う。息子を熟知している母親は、けっしてこの文面を額面通り取らなかったであろう。

美しきものは少数者のものなり

ニーチェは一八八九年一月三日にトリノの路上で完全に狂気に陥る。発狂の直後、彼は何

人かに異様な手紙を書き送っている。先のブルクハルト宛の手紙同様、同じころコジマに立て続けに手紙を出しているが、次の文面は滑稽《こっけい》であるとともに、悲しみを誘う。

アリアードネよ、われ汝《なんじ》を愛す。

（一八八九年一月初め）

すぐに（一八八九年一月九日）オーバーベックは狂気のニーチェを抱きかかえるようにして、故郷のナウンブルクに戻った。正気を失った「お母さんの老いぼれ息子」は母のもとに帰った。そして、その八年後（一八九七年）に彼女は、（たぶん）幼児に戻った息子を全身で愛し続けて死んだ。

ニーチェはさらに生き続け、ちょうど一九世紀の最後の年（一九〇〇年八月二五日）に死んだ。

ニーチェ、それは私にとっていかなる意味でも偉大な哲学者ではない。だが、桁《けた》違いの力（パワー）を持っていた男である。柔和で、品行方正で、臆病《おくびょう》で、弱気で、善良で、卑劣で、素直である自分自身との「反対物」を死に物狂いで求めていった男、その結果、緊張に耐えられず糸が切れるように精神を崩壊させた男である。エルンスト・ベルトラムの言うように

（『ニーチェ』上・下、浅井真男《まさお》訳、筑摩《ちくま》書房）、ニーチェのうちにデュラー描くところの「戦士」が認められるとすれば、この意味にほかならない。

彼の生涯は、ある種の人の胸を打つものである。生きる勇気を与えてくれるものである。それは、自分の反対物をこれほどまでに真摯《しんし》に求めて生き続けてきたということ、こうした困難に全身で立ち向かったことなのだ。

一瞬もその錯誤に、見当違いに、自己欺瞞《ぎまん》に気づいてはならない。そうすれば、自分は崩れてしまい生きていけないから。これは、痛ましいが、そうしか生きられない男にとっての唯一の選択肢だとすると、やはり誠実な態度ではないだろうか。

彼は、選ばれた少数者でありたかった。だが、そうでないことは彼が一番よく知っていたのである。

> 最上層階級は——私はそれを最少数者と名づけるが——高貴なる者として最少数者の特権をも持っている。その特権には、幸福を、美を、善意を地上に実現することも属している。最も精神的な人間たちのみに、美しさを、美しいものを味わうことが許されている、彼らのもとでのみ善意は弱さではないのである。美しきものは少数者のものなり（pulchrum est paucorum hominum）。
>
> （『偶像の黄昏』）

あとがき

ニーチェについてはずいぶん研究書や解説書や入門書が出されていて、今さら私が書く理由はないと思っていたが、この数年のあいだ『ツァラトゥストラ』を中心に読み返してみると、従来の(特にわが国で刊行されている)ニーチェについての本が飽き足らなくなってきた。最近のベストセラー『超訳ニーチェの言葉』(白取春彦《しらとりはるひこ》編訳、ディスカヴァー・トゥエンティワン)がその典型であるが、ヒトラーとニーチェを俎上《そじょう》に載せて、ニーチェとヒトラーはまるで違う、ニーチェは偉大な哲学者であるが、ヒトラーは極悪人であるという都合のいい線引きに違和感を覚えてきたのである。

これは「常識」となりつつあるようで、ニーチェを「危険な哲学者・思想家」としながらも、パウロ、ソクラテス、プラトン、カントなどをペテン師呼ばわりするのはまあ許せるとしても、善良な弱者である「畜群」どもを徹底的に軽蔑《けいべつ》し、女は男を騙《だま》してセックスする目的のためだけに生きていると言い放ち、人権、平等、正義、公正、民主主義、……などの現代社会における「公理」をなぎ倒そうとしていること……を必死に忘れようとしているかのようである。

誤解のないように急いで付け加えねばならないが、こんなに「悪い奴」なのに見逃すな、と言いたいわけではなく、ヒトラーが極悪人ならニーチェはその数百倍もの極悪人だと言いたい。ただ、ヒトラーは「小物だったがゆえに」ニーチェの思想のごく一部を実践しえただけである。

というわけで、「ほんとうのニーチェ」をそのまま語ったら、NHK講座はあっという間に猛攻撃に晒《さら》され、あらゆる出版社は「差し止め」の要求の電話がかかりっぱなしになること請け合いである。

本腰を入れて現代日本を覆っているこういう欺瞞《ぎまん》的状況を徹底的に告発したいのであるが、本書ではまあその「さわり」として、ニーチェは観念だけの危険な哲学者ではなく、その思想の前に(ほとんど?)すべての人間は生きる価値を剝奪《はくだつ》されること、だがニーチェという男はじつに弱気で卑劣であったから、自分の思想を実践しようとする勇気がなかったこと、このことを指摘するに留《とど》めたい。

なお、ニーチェの引用は基本的にちくま学芸文庫からの翻訳によった。だが、わずかに表記や表現を変えたところもある。

本書で引用したニーチェの著作の翻訳者は、次のようである。
『ツァラトゥストラ』（上・下）吉沢伝三郎訳
『善悪の彼岸』　信太正三訳
『道徳の系譜』　信太正三訳
『権力への意志』（上・下）　原佑訳
『曙光』　茅野良男訳
『反キリスト者』　原佑訳
『偶像の黄昏』　原佑訳
『ニーチェ対ヴァーグナー』　原佑訳
『人間的、あまりに人間的』Ⅰ　池尾健一訳
『ニーチェ書簡集』Ⅱ　塚越敏・中島義生訳

二〇一〇年五月二五日

「畜群」にも「超人」にもなりたくないな、と思いつつ
中島義道

中島義道（なかじま・よしみち）
哲学者。1946年、福岡県生まれ。前電気通信大学教授。現在は私塾「哲学塾カント」を主宰。東京大学教養学部並びに法学部を卒業。77年、東京大学大学院人文科学研究科修士課程修了。83年、ウィーン大学基礎総合学部哲学科修了。哲学博士。専門は時間論、自我論。著書に『うるさい日本の私』『孤独について　生きるのが困難な人々へ』『醜い日本の私』『ひとを〈嫌う〉ということ』『生きにくい…　私は哲学病。』『ひとを愛することができない　マイナスのナルシスの告白』『どうせ死んでしまうのに、なぜいま死んではいけないのか？』『孤独な少年の部屋』『ウィーン家族』など話題作多数。

善人《ぜんにん》ほど悪《わる》い奴《やつ》はいない
ニーチェの人間学《にんげんがく》

中島義道《なかじまよしみち》

2010 年 8 月 10 日　初版発行
2025 年 2 月 5 日　12版発行

◆◇◇

発行者　山下直久
発　行　株式会社KADOKAWA
〒102-8177　東京都千代田区富士見 2-13-3
電話　0570-002-301（ナビダイヤル）

装 丁 者　緒方修一（ラーフイン・ワークショップ）
ロゴデザイン　good design company
オビデザイン　Zapp!　白金正之
印 刷 所　株式会社KADOKAWA
製 本 所　株式会社KADOKAWA

角川新書
　ISBN978-4-04-710249-1 C0295